Sutiles Influencias Energéticas Cotidianas

Y Como Transformarlas

Judy Garrido

Sutiles Influencias Energéticas Cotidianas - Y Como Transformarlas
Por Judy Garrido

Publicado por
Innately Resourceful LLC
Innatelyresourceful.com

Imagen de portada de Vaclav Volrab utilizada bajo licencia de Shutterstock.com.
Diseño de portada © Judy Garrido
Traducción al español por: Macarena Ruiz

ISBN: 978-1-7338155-5-0

A James, cuyo conocimiento hizo posible este libro.

Himno de Reparación

Si hubiera algo en el aire
Si hubiera algo en el viento
Si hubiera algo en los árboles y arbustos
Eso podría ser pronunciado y una vez escuchado por los animales,
Que este Sagrado Conocimiento nos sea devuelto nuevamente.
(ARTHARVAVEDA 7:66)

Según Olga Kharatidi, en su libro "Entering the Circle", escribe que "según la tradición, este himno se ofreció como redención por posibles transgresiones en las condiciones en que se permitía la transferencia del Conocimiento Sagrado".

El Artharvaveda es conocido como el 4to Veda: un texto sagrado Hindú que significa "conocimiento".

Contents

Introducción

C omo persona sensible a la energía, he pasado las últimas tres décadas observando cómo me afectan las energías que me rodean. Luego, cuando comencé a ayudar a los demás, observé que lo mismo era cierto para ellos, tanto si se consideraban sensibles o no. Se hizo evidente para mí rápidamente que lo que estaba observando y sintiendo era cierto para todos, porque se trataba de todas las influencias energéticas sutiles que todos encontramos: nuestras interacciones, el ambiente, todo. Estas experiencias cotidianas se convirtieron en un aspecto importante para ayudar a mis clientes y a mí a volver a sentirnos realmente como nosotros mismos. Esto puede parecer extraño, pero es más cierto de lo que muchos creen. Debido a que muchas cosas suceden a niveles sutiles, tienden a volar bajo nuestro radar. Si agregamos una falta de conciencia a la mezcla, o incluso la creencia en tales cosas, entonces tenemos una receta para no reconocer realmente cuándo en verdad no nos sentimos realmente como nosotros mismos. Cuando nos tomamos el tiempo y la energía para comenzar a despegarnos de estas influencias sutiles, comenzamos a descubrir que no somos tan ruidosos internamente como pensamos que éramos, o no tan excesivamente emocionales, y muchas otras posibilidades. En cambio, comenzamos a descubrir una quietud interior que nos ha eludido por mucho más tiempo del que queremos considerar. Esto es cierto hoy más que nunca, por las razones que leerás en este libro.

Mi propio viaje a menudo ha sido provocado por preguntas. Tendría una experiencia y luego trataría de entenderla mejor. Sin embargo, lo que es más importante, me impulsó querer tener una forma de transformarlo por mí misma. No quería depender de nadie. Después de todo, el único recurso que siempre tengo conmigo en todo momento soy yo. Entonces, ser tan autosuficiente como pude fue importante para mí.

En 2003, tuve la suerte de conocer a un hombre, James Whitegle, que me ayudó a comprender mejor mis experiencias y me dio muchas técnicas para trabajar, junto con una base holística de conocimiento. Aunque incluyo algunos de estos conceptos básicos en este libro, todos los sutiles matices de las experiencias potenciales que podemos tener y lo que TU puedes hacer para transformarlos fueron creados por mí. Inicialmente, fueron creados para ayudarme a mí misma, solo para luego descubrir que también ayudó a aquellos con los que trabajé. Sin embargo, los sutiles matices de las experiencias energéticas tardan años en ser observados, discernir y luego crear formas de transformarlos.

Este libro está previsto para ayudarte a descubrir algunas de tus propias respuestas y para brindarte técnicas simples que puedes aplicar por tu cuenta como autocuidado. Tú también eres el único recurso que siempre tienes contigo. En cualquier momento dado, con técnicas efectivas que involucran tus recursos innatos, puede facilitar la transformación de tus experiencias energéticas.

También incluiré páginas al final como una guía rápida, de la que aprenderás para tener una referencia fácil, cuando revises las técnicas. También te daré más opciones si deseas obtener más información. Espero sinceramente que encuentres este libro como un viaje de descubrimiento y transformación.

Una excelente manera de aprovechar al máximo este libro es comprar y usar el Diario complementario de "Sutiles influencias energéticas cotidianas". Con indicaciones de escritura específicas de la técnica, está destinado a ayudarte a aumentar tu conciencia energética, a la vez que te ayuda a crear una fuente de referencia para futuras experiencias.

Una nota de precaución: Siento que sería negligente si no te dijera que las técnicas sobre las que escribo en el capítulo "Acuerdos", se sabe que ocasionalmente producen resultados muy intensos e inesperados. No sucede a menudo, pero puede ocurrir. Por lo tanto, si te asusta fácilmente lo desapercibido o lo desconocido, puede que este no sea el mejor libro para comenzar. Sin embargo, si estás listo para tomar el toro por las astas, considera esto como un viaje exploratorio de descubrimiento y auto empoderamiento.

Introducción a Las Tres Formas en Que Experimentamos La Energía Sutil

M i primer gran aprendizaje, fue descubrir que a veces mi incomodidad era mi propia energía. Recuerdo una ocasión, hablando por teléfono con James y diciéndole que podía sentir algo en mi espalda enérgicamente, y que ya había hecho un gran esfuerzo tratando de alejarlo de mí. Percibí una presión extraña que pude sentir, presionando contra la parte superior de mi espalda. En respuesta, él simplemente se echó a reír, e inmediatamente comenzó a dirigirme a través de un montón de movimientos para mover mi energía. Luego me preguntó: "¿Cómo te sientes ahora?" Le respondí: "¡Oh, se ha ido!" Se me hizo evidente que lo que consideraba era otra cosa, era solo mi propia energía. Yo también tuve que descubrir algunas verdades. En los años siguientes, a través de la observación y muchas pruebas, descubrí aún más. Cada vez que tuviera un momento de "descubrimiento", o consideraría una posibilidad, crearía una forma de probar esas observaciones hasta que la verdad se hiciera evidente a través de los resultados. Era mi forma de adoptar un enfoque lógico para todas las diferentes experiencias energéticas que tendría. Similar a la investigación científica, una experiencia u observación provocaría una hipótesis, una pregunta o una posibilidad poco clara. Luego usaría o crearía técnicas para probar esa hipótesis. Si la técnica creó resultados positivos y confirmó mi hipótesis, se convierte en una teoría. Sin embargo, como cualquier buena investigación, tiene que ser reproducible. No importa quién aplique la misma técnica, debería producir los mismos resultados. En los años posteriores de tener clientes que usaron las mismas técnicas, los resultados fueron consistentes.

Aquí, compartiré con ustedes algunas de mis propias observaciones y les daré algunas técnicas súper simples que creé para poder transformar lo que estaba experimentando. Aunque no voy a cubrir todo lo que he observado y aprendido, cubriré algunas observaciones fundamentales que a menudo pueden crear una gran cantidad de alivio a las molestias, de una manera muy simplista, para aquellos que también son sensibles a la energía. También agregare aquí, que si te consideras sensible (por ejemplo, empático, psíquico, etc.) o no, no hay diferencia. Todos experimentamos energía de la misma manera. La única diferencia entre una persona que siente que es sensible de alguna manera y alguien que no lo es, es solo su nivel de conciencia. Al menos, esta ha sido siempre mi experiencia al ayudar a otros.

Al armar este libro, mi intención era ofrecerle al lector la oportunidad no solo de descubrir algo nuevo, sino de tener técnicas que se puedan usar ahora. Y como dice el título, se trata de ayudar al lector a ayudarse a sí mismo cuando le ocurran las experiencias cotidianas que todos tenemos. Aunque mencionaré qué técnicas ayudarán en ciertas áreas, cuando se trata de energía, el enfoque aquí será ayudarte con la conciencia y brindarte técnicas efectivas. Las otras áreas que mencionaré brevemente requieren mucho más que un libro, y realmente deberían hacerse en coaching privado o como experiencia grupal. Si parece que estoy conectando mis servicios, no es esa la intención.

Para aprovechar al máximo este libro, te recomendaré que HAGAS los ejercicios mientras lees sobre ellos, mientras que algunos de ellos están destinados a hacerse cuando la situación se presente. Este libro realmente no está destinado a ser leído como lo harías con otros libros que solo te brindan información. Por lo tanto, si deseas aprovecharlo, te animo a que hagas los ejercicios.

Todo es Energía

Siento que puede ayudar establecer primero una base de conocimiento sobre la energía, antes de entrar en las diferentes experiencias. Si eres empático, altamente sensible o psíquico de alguna manera (o no), sigue siendo una experiencia de energía, independientemente de su forma. También nos ayudará a establecer el vocabulario que uso a menudo cuando describo la infinidad de experiencias energéticas.

Primero, me gustaría establecer que, aunque el término "empático" se usa con mayor frecuencia para las personas que son sensibles a su entorno, ya sea otras personas o no, simplemente utilizo el término "sensible". La razón por la que prefiero este término es porque hay tantas escuelas de pensamiento y términos en la comunidad de la metafísica que pretenden definir estas expresiones, que tienden a limitar la expresión completa de todas las formas posibles en que una persona puede ser sensible. Las personas pueden llamarse a sí mismas como empáticos físicos, por ejemplo, para describir que pueden sentir lo que está sucediendo con los cuerpos de otras personas. Sin embargo, garantizo que la conciencia de un empático físico va mucho más allá de eso. A medida que sigas leyendo, espero que comprendas mejor por qué digo esto, y qué si te defines como empático o psíquico, lo ampliaras para describir mejor tu naturaleza ilimitada.

Independientemente de la etiqueta que le des a tu sensibilidad, puede ser útil reconocer primero que nuestros cuerpos (sí, plural) están hechos de energía y que la energía es de naturaleza eléctrica y magnética. Mientras que los aspectos eléctricos de esa energía son sobre el flujo y el movimiento, los aspectos magnéticos son sobre la atracción y la repulsión (similar a un imán de mano). Aunque el flujo y la frecuencia de la energía en nuestro cuerpo son importantes para nuestro bienestar, es la naturaleza magnética que a menudo encuentro que se pasa por alto. Irónicamente, es la naturaleza magnética de nuestros cuerpos, que es nuestra primera línea de comunicación con nuestro entorno, por lo tanto, es nuestra primera línea de defensa cuando nos enfrentamos a una experiencia incómoda.

El aspecto relevante de esta naturaleza magnética es que crea un campo magnético alrededor y a través de nuestro cuerpo. También se manifiesta como pulsos constantes. No solo nuestros centros de energía vital (también conocidos como chakras) pulsan constantemente, sino también nuestro cuerpo entero. Inicialmente, esto se me presentó en 2003 como un "pulso magnético" y la "forma de onda del cuerpo". Esta pulsación innata que todos hacemos, puede participar activamente con la intención de producir resultados diferentes. Sin embargo, comprometer esto está directamente relacionado con nuestra voluntad.

Cuando se trata de discernir mejor la infinidad de experiencias energéticas que una persona puede tener, es importante reconocer esta naturaleza eléctrica y magnética, porque es la clave de cómo interactúa la energía. Ya sea la energía de los pensamientos, emociones, intenciones o algo externo a alguien, esa energía interactúa con la nuestra. Esta interacción es cómo se comunican los campos de energía. A veces se llevan bien; a veces no. A veces nos impulsan, mientras que otras nos agotan. Esta comunicación, sin embargo, está sucediendo 24/7. He descubierto, en los años de trabajar con otros, que la mayoría de las veces no son conscientes de esta comunicación. Mencionarán que tienen dolor de cabeza, por ejemplo. Luego, cuando empiezo a ayudarlos a rastrear la posibilidad de que tenga una base energética, y descubren una fuente (ya sea su propia energía o no), y luego la transforman usando diferentes técnicas, comienzan a cambiar su percepción de cuánta comunicación en realidad ocurre en un nivel sutil. Cuando ayudo a un cliente a comenzar a conectar estos puntos, por así decirlo, su conciencia y discernimiento aumentan invariablemente.   Por lo tanto, a medida que sigas leyendo, ten en cuenta que todo es energía y que la energía siempre está en comunicación. Sin embargo, nuestra propia composición energética es clave para esa comunicación cuando se trata de lo que experimentamos.

Judy Garrido

La Fuerza De Nuestra Voluntad

"Tu SÍ tiene que convertirse en un SÍ, y tu NO tiene que convertirse en un NO". - James Whitegle

S i recuerdas, mencioné anteriormente que la clave para comprometer la naturaleza magnética innata y el pulso que hace el cuerpo es nuestra voluntad. Cuanto más resuelta sea la voluntad, más rápidos serán los resultados. Observa que usé la palabra "resuelto", en lugar de más fuerte. A menudo escuché a James decir: "Tu SI tiene que convertirse en un SI, y tu NO tiene que convertirse en un NO". La razón por la que él diría esto es porque las personas pueden ser indecisas. A menudo pueden carecer de una convicción inquebrantable. La palabra "fuerza" puede ser algo inapropiado, porque las personas tienden a equiparar la fuerza con la agresión. En realidad, se trata más de que seas firme en tu convicción y de que lo que dices es realmente lo que quieres decir. Sin embargo, en algunas situaciones, ser "contundente" es realmente necesario, mientras que en otras simplemente se trata de ser resuelto. Cuanto más resuelta sea nuestra voluntad, más fuerte será la fuerza resultante.

Judy Garrido

Comandos Telepáticos

"Una vez que tomamos una decisión, el universo conspira para hacer que suceda". - Ralph Waldo Emerson.

E l término "comando telepático" fue creado por James para describir simplemente un comando interno, en tu propia voz. Sin embargo, cuanto más experto te vuelvas, puede tomarte simplemente un pensamiento participar. Aunque la mayoría de las veces, tendemos a pensar en palabras, como un monólogo interno, también podemos tener un pensamiento sin palabras. Sin embargo, dado que tendemos a funcionar con palabras internas, los comandos telepáticos nos permiten utilizar esto para dirigir nuestra voluntad de manifestar un resultado específico. En este libro, recibirás múltiples comandos telepáticos que podrás usar de inmediato para transformar experiencias, a la vez que te ayudarán a aumentar tu conciencia para que puedas discernir lo que realmente estás experimentando.

Hay dos ingredientes clave para hacer comandos telepáticos. El primero es la importancia de comprometer la fuerza de tu voluntad. El segundo es confiar. Cuando confías, reconoces que hay una fuerza mayor involucrada que no tienes que entender intelectualmente. Simplemente ES - y esa es la fuerza de tu Espíritu. Tu Espíritu también tiene una fuerza, y puede manifestarse de muchas maneras misteriosas y milagrosas. Es tan misterioso, que a menudo lo he escuchado llamar "lo desconocido de los humanos". Entonces, recuerda darle un significado a lo que dices y confía en que sucederá.

Me gustaría agregar aquí también que, aunque las instrucciones telepáticas se realizan internamente, también se pueden pronunciar en voz alta. Cuando los pronuncias en voz alta, tus sonidos (que también son ondas de energía) mueven la energía alrededor de tu cuerpo, vibrando con tu intención. Sin embargo, debido a que puede haber momentos en los que no puedes darte el lujo de hacerlo en voz alta, puedes hacerlo con la misma facilidad internamente, sin importar dónde te encuentres. Son efectivos sin importar cómo los hagas. De hecho, realmente me gusta utilizar el tiempo que paso manejando mi auto, sin reproducir música, para hacer el trabajo interno de esta manera, ya que me permite el espacio privado.

Las Tres Formas en Que Experimentamos la Energía Sutil

Energías Externas

Una forma en que podemos experimentar la energía es de fuentes externas. Esto es con lo que muchos están más familiarizados, y es lo que yo llamo ambiental. Entonces, ¿qué quiero decir cuando digo ambiental? El medio ambiente puede ser algo con lo que las personas están más familiarizadas, como las señales de Wi-Fi, la electrónica y los campos magnéticos. Puede que no los mantengamos en primera línea de nuestra conciencia, pero de todos modos están allí. Cuanto más sensibles somos, más conscientes somos de estas diferentes energías de nuestro entorno.

Es bueno estar al tanto de lo que estás experimentando en tu entorno, en lo que respecta a la electrónica y la tecnología, porque casi siempre hay una forma de evitarlo, para ayudarte a sentir menos perturbado. Nuestros cuerpos son energía, por lo que cuando estamos rodeados de electrónica, estamos interactuando con otro campo de energía que la mayoría de las veces no es compatible con el nuestro. Y cuando dos energías no son compatibles, algo va a suceder. No nos ayuda, eso es seguro.

Las energías externas también pueden provenir de una distancia. Un ejemplo sería algo así como la telepatía, donde alguien está pensando en ti o alguien está hablando de ti. La telepatía, como la uso aquí, se define como cualquier comunicación que ocurre más allá de los cinco sentidos clásicos. Por lo tanto, no es solo mente a mente. Las energías externas también podrían ser, por ejemplo, si tienes un sitio de Internet, un podcast o un canal de video, como muchos tienen. Alguien puede estar leyendo tu sitio o viendo tu video, por lo tanto, conectándose con tu energía. Esto incluye mucho las redes sociales, por lo que puedes sentir eso también. Esa es otra forma de telepatía y es energía.

Se realizó un interesante estudio sobre el cual Lynne McTaggart escribió en su libro *"The Field: The Quest for the Secret Force of the Universe"*. En este estudio, tenían a una persona sentada en una habitación mirando imágenes aleatorias en la pantalla de una computadora. En otra habitación, tenían una persona a quien se le mostró la otra persona que estaba en esa habitación mirando imágenes aleatorias. A intervalos específicos, se le dijo al remitente que pensara en el receptor (la persona mirando las imágenes) durante un tiempo determinado. Entonces su atención se alejó a otra cosa. Harían esto por varias repeticiones. El receptor se había conectado a un equipo que controlaba su presión arterial, frecuencia cardíaca y respuesta galvánica de la piel. El receptor no era consciente de qué trataba el estudio realmente. Sin embargo, exactamente en el momento en que se le dijo al remitente que "pensara" sobre el receptor, la frecuencia cardíaca, la presión y la respuesta galvánica de la piel del receptor cambiaron. Luego volvió a la normalidad cuando se redirigió la atención del remitente. El receptor no era consciente de que su cuerpo estaba respondiendo durante los momentos en que estaban siendo "pensado". Lo interesante de este estudio es que ya lo había observado yo mismo en muchos de mis clientes, hasta que aumentaron su conciencia de los cambios sutiles en su cuerpo, cuando se trataba de energía.

Los pensamientos también son una forma de energía que se proyecta, y fácilmente podría ser otra persona haciendo eso. Por eso llamo a estas proyecciones, porque lo hacen de manera similar a un proyector de películas.

Una proyección podría ser algo tan simple como las expectativas inconscientes, como alguien que proyecta sus expectativas sobre tu y quién eres, tus comportamientos o quién deberías ser de acuerdo con ellos. ¿Nos afecta a nosotros? Sí, nos demos cuenta o no. Sin embargo, el grado en que nos afectará varía de persona a persona. Cubriré más sobre proyecciones en un capítulo posterior.

Todas estas energías diferentes desde la distancia se consideran invisibles, ya que técnicamente, no vemos estas energías, pero podemos experimentarlas. ¿Cómo es la experiencia? Los clientes a menudo describen la experiencia de sentirse perturbados, agitados, incómodos o irritables. También pueden sentir tristeza sin razón obvia, molestias en la parte posterior de la cabeza o el corazón, presión en la cabeza que puede ser leve o intensa, molestias en otras partes del cuerpo, sensación de agotamiento de energía, sensación de presión a nivel del cuerpo, o tener pensamientos que no son característicos. Todas estas son experiencias legítimas de energías externas que nos llegan desde la distancia, y las experiencias se vuelven sospechosas cuando realmente no tienes una razón obvia para ello. A menudo no tiene ningún sentido. En un momento estás bien, y al siguiente, estás experimentando algo similar a lo que acabamos de describir.

El Aquí y El Ahora

La otra forma en que experimentamos energía es lo que yo llamo el aquí y el ahora. No viene de lejos. Está sucediendo aquí. Está sucediendo ahora. Algo está sucediendo en tu entorno inmediato. Esto puede ser un espíritu de algún tipo, y estoy usando la palabra espíritu muy, muy genéricamente. También puede ser ambiental, como el Wi-Fi en la casa. Recuerda, solo porque no tienes una televisión o computadora encendida, y tienes el Wi-Fi funcionando, esa sigue siendo una señal de radio que se transmite a tu hogar y en el área. Es muy posible que, si vives en un área congestionada, probablemente estés siendo bombardeado por las señales de Wi-Fi de todos tus vecinos si están cerca de ti. Los clientes también han mencionado que sienten energías molestas al conducir cerca de cables de alta tensión y torres de teléfonos celulares, así como al ir a negocios particulares. También mencionaron que notaron estar conscientes de sentir energías perturbadoras en el departamento de electrónica de una tienda departamental, y aún más en un negocio de electrónica.

También puedes experimentar otro cuerpo en tu entorno, como un compañero de cuarto o un familiar. Y si trabajas con otros, como lo hace un terapeuta de masaje, puedes experimentar las energías de la persona en la que estás trabajando. Cuando se trata de espíritus, es importante reconocer que ellos también están hechos de energía. Nuevamente, cuando dos energías se comunican, pueden o no ser compatibles. Es cuando son incompatibles que puede producir experiencias incómodas.

También he descubierto con mis clientes y conmigo que parece haber algún tipo de sistema de radar invisible, en el que nos damos cuenta de lo que sucede colectivamente a nuestro alrededor. La distancia puede depender del nivel de sensibilidad y la intensidad de la conciencia del pensamiento masivo durante un evento local. Como ejemplo, hace años, experimenté una molestia intensa. Se sintió como un nudo apretado en mi plexo solar, y se sintió muy agresivo. Fue tan intenso que tuve que acostarme para concentrarme completamente en evitar que esto me afectara. En el momento en que me acosté y cerré los ojos, comencé a ver autos de policía. Estaba completamente perdida en cuanto a por qué estaba viendo autos de policía, así que lo dejé a un lado y me concentré por completo en evitar que esta energía me afectara. Pude disminuirlo lo suficiente como para funcionar después, y al anochecer era solo un zumbido muy bajo, como un sentimiento residual.

Al día siguiente, llamé a una mujer que conozco, que también es muy sensible y que vivía cerca de mí en ese momento. Le pregunté si estaba al tanto de algo el día anterior. Ella respondió con: "¡Oh, Dios mío, ¡eso fue horrible! Fue tan malo que tuve que subirme a mi camioneta y dejar esta área. Cuando llegué al área donde están todas los negocios y estaciones de servicio, había agentes de policía en todas partes. Luego descubrí que hubo un robo a mano armada en la licorería local, donde dispararon al empleado. El ladrón se fue y la policía lo buscó agresivamente en toda la zona". Aunque obviamente no tuve nada que ver con este evento, y ocurrió a unos tres kilómetros de donde vivía, lo sentimos muchos.

Tuve una experiencia algo similar cuando ocurrió el ataque del Centro de Comercio Mundial el 11 de Septiembre 2001, a pesar de que el evento ocurrió a unos 500 kilómetros o más de distancia en ese momento. Acababa de sentir esta gran molestia e inmediatamente supe que sucedió algo, pero no estaba segura de qué. Luego prendí mi radio, mientras conducía en ese momento, y escuché las noticias. De la misma manera que podemos sentir, ya sea que estemos conscientes de ello o no, cuando alguien más está pensando en nosotros, también podemos sentir cuando ocurre un evento cerca de donde estamos. Cuando un grupo de personas se ven afectadas de la misma manera y responden de la misma manera, se podría decir que crean una energía "más fuerte" en lo desapercibido con sus pensamientos y emociones. Y cuanto más grande es ese colectivo, más se puede sentir.

También he observado que la proximidad a un evento a menudo se siente más intensamente que un evento que ocurre más lejos. Mi mención del robo y el 11 de septiembre son buenos ejemplos de esto. Mientras el robo ocurrió a tres kilómetros de donde vivía en ese momento, el ataque del 11 de Septiembre, ocurrió a unos 500 kilómetros de distancia. El que estaba más cerca se sintió muy intensamente, hasta el punto de que la experiencia interrumpió mi día, mientras el que estaba más lejos se sintió más sutilmente. Una buena metáfora para describir esto sería una radio que suena fuertemente. Cuanto más cerca esté de la radio, más fuerte será el sonido. Cuanto más lejos, menos puedes escucharlo. Todavía se está reproduciendo, independientemente de dónde se encuentre, ya que esas ondas de energía sonora están saliendo al mundo como ondas en un estanque. Sin embargo, el volumen de esa radio también es relativo al número de personas involucradas en el evento. Cuantas más personas afectadas, más fuerte es la radio.

Esto también ha sido demostrado por la investigación en curso realizada por el Proyecto de Conciencia Global desde 1998, utilizando generadores de eventos aleatorios que se han colocado en todo el mundo. Estos generadores de eventos aleatorios deberían generar estadísticamente un resultado 50/50, utilizando 1 y 0. En otras palabras, es como lanzar una moneda, estadísticamente, debes obtener caras 50 veces y colas 50 veces. Sin embargo, lo que han estado observando es que estos registros producen resultados estadísticamente diferentes durante eventos globales y locales que parecen reflejar la conciencia general que rodea ese evento. Se han vuelto tan buenos para leer los resultados estadísticamente anómalos después de 2 décadas de observación, que pueden decirte el "estado de ánimo" general que estaba ocurriendo en ese momento simplemente leyendo los resultados. Puedes leer sobre esto dirigiéndote a la página de lectura adicional, al final de este libro.

La pregunta que podemos hacernos, sin embargo, es ¿cómo se siente cuando algo está aquí y ahora? Ese algo invisible podría estar en tu hogar, tu vecindario, lugar de trabajo o cerca de tu cuerpo. Los clientes han descrito experimentar pesadez, distorsión, olores inusuales, presión (como si hubieras entrado en una elevación más alta), indiferencia, diálogo interno excesivo, pereza, supresión, música en su cabeza o incomodidad en el cuerpo.

¿Estás notando un tema de experiencias algo consistente aquí? ¿Tal vez una tendencia? Como puedes ver, muchas de las experiencias energéticas de las que he hablado sobre la energía proveniente de la distancia y la energía en el aquí y ahora, a menudo son similares. Hay una buena razón por la cual.

Aunque nuestros cuerpos son innatamente capaces de interpretar la energía en todo momento, todavía existe nuestra conciencia. Podrías decir nuestra consciencia, nuestra mente o nuestro espíritu, si lo prefieres. Todos son uno y lo mismo. Nuestra conciencia, de ahí la consciencia, no reconoce el tiempo y el espacio, porque no tiene límites. Entonces, ya sea que la energía provenga de una distancia, o en el aquí y ahora, simplemente lo es. Nuevamente, mi observación personal es que todos sentimos cuando algo sucede. Sin embargo, no todos reconocen la experiencia por lo que es. Esto es lo que James a menudo llamó "conciencia coherente", porque todos estamos conscientes, todo el tiempo, pero no siempre estamos "conscientemente coherentes".

Nuestra Propia Energía

La tercera forma en que experimentamos la energía es cuando es nuestra propia energía. Cuando nuestra energía, por ejemplo, está fuera de balance, o cuando está estancada en cualquier parte de nuestro cuerpo, podemos sentir todo tipo de sensaciones y molestias diferentes. También tenemos nuestras grabaciones personales. ¿Qué es una grabación? En pocas palabras, se registra todo lo que experimentamos en la vida, de lo que somos conscientes y de lo que no somos conscientes. Nuestro cuerpo mantiene estas grabaciones magnéticamente. Algunas escuelas de pensamiento dirán que la memoria se mantiene a nivel celular, y eso es realmente exacto, pero se mantiene magnéticamente. No es orgánico; es magnético.

Entonces, tenemos todos estos recuerdos, y solo considerando todas las experiencias que has tenido desde que naciste, e incluso antes de nacer, en realidad, en el útero. Considera todos tus sueños, cada sueño que hayas tenido e incluso los que no puedes recordar. Cada pensamiento, música, películas y libros. La lista sigue y sigue. Esas son todas tus experiencias y todas las sensaciones correspondientes. Todo fue y es grabado. ¡Eso es mucho! Son muchas grabaciones personales que tenemos, incluidas todas las emociones, traumas físicos y sentimientos, todo.

Esto también incluye las grabaciones de experiencias energéticas. He observado durante más de 15 años ayudando a las personas, que son mucho más sensibles a la energía de lo que reconocen. Simplemente no lo reconocen porque nadie los ha ayudado a conectar los puntos. Incluso pueden estar experimentando las grabaciones de otra persona, como alguien enfermo o deprimido. Pueden comenzar a sentirse mal cuando están cerca de esa persona. Simplemente están recogiendo esas grabaciones y lo que emana esa persona.

Es también muy importante la conciencia de tu cuerpo. Somos energía, y recuerda, la energía siempre está en comunicación, por lo que nuestros cuerpos son realmente telepáticos. Recuerda, esto no es solo nuestra mente, sino cualquier comunicación más allá de los cinco sentidos clásicos. Al percibir, la dirección de la comunicación, en lugar de venir hacia nosotros, está saliendo de nosotros. Nuestro cuerpo realmente está percibiendo lo que está sucediendo fuera de nosotros, y nos está interpretando esa información hacia nosotros a través de sensaciones corporales, sentimientos, pensamientos y más.

Esta capacidad de percibir también incluye lo que estamos pensando. Sea quien sea o lo que sea en que estés pensando, te estás conectando energéticamente. ¿Recuerdas cuando escribí antes que cuando las personas leen algo que escribiste en Internet, se conectan con tu energía? Bueno, funciona en ambos sentidos. Si estás leyendo su contenido, te estás conectando con su energía. De hecho, te has conectado con la mía a lo largo de tu lectura de este libro. Por lo tanto, sea lo que sea en que pongas tu atención, es hacia dónde va tu energía y conectando. Esa comunicación que ocurre siempre es una comunicación bidireccional. Nunca es unilateral.

Volviendo a nuestra energía, la pregunta es, ¿cómo se siente? ¿Cómo se siente tu propia energía cuando está fuera de balance, estancada o es una grabación personal? Los clientes han informado que experimentan una sensación de desequilibrio, pereza, falta de energía o motivación, su energía se siente caótica, incomodidad en el cuerpo, tristeza, quedarse en blanco o experimentar la incomodidad física de un trauma pasado que ya había sido curado por completo.

Si consideras las diferentes formas en que he mencionado que experimentamos energía y cómo pueden sentirse, una vez más notarás que son bastante consistentes, independientemente de dónde provenga la energía. Esto se convierte en nuestro desafío: el discernimiento.

Sin embargo, lo que he encontrado es que las personas a menudo adoptan el patrón de asumir siempre que la energía que están experimentando no es suya, es otra cosa o proviene de otra persona. Mi experiencia ha sido que un buen porcentaje del tiempo, las molestias que estamos experimentando, que están basadas en la energía, son en realidad nuestra propia energía. Este será mi enfoque en este libro. Entonces, cubramos brevemente lo que podemos hacer para comenzar no solo a discernir qué tipo de energía estamos experimentando, sino también a transformarla, primero cuidando nuestra propia energía. En otras palabras, el discernimiento comienza a través de un proceso de eliminación. Primero eliminamos la posibilidad de que sea nuestra propia energía, o nuestro propio hacer (o falta de hacer). La falta de acción tendrá más sentido a medida que avanzamos.

Judy Garrido

Transformando Experiencias Cotidianas

Energías Externas

uando se trata de energías externas, realmente no tenemos mucho control sobre ellas, y a veces pueden ser las más frustrantes debido a esto. Sin embargo, cuando se trata de tecnología, puedes elegir diferentes opciones, dependiendo de la tecnología que utilices. Haz tu tarea para encontrar lo que funciona para ti, si descubres que eres sensible a esas energías.

Si alguien está pensando en ti, y la experiencia resultante de tu parte es incomoda de alguna manera, puedes usar la última técnica en el primer conjunto de técnicas que te daré. Las proyecciones, sin embargo, son completamente la creación de otra persona. En estas situaciones, si te das cuenta de esto, simplemente puedes elegir no aceptarlo o alinearte con él. Las proyecciones no siempre son necesariamente malas. A veces son realmente buenas, o al menos, se sienten bien. Sin embargo, es cuando son buenas que se convierten en un desafío aún mayor. Un buen ejemplo de esto es cuando una persona es venerada de alguna manera por otros. Aunque es grandioso ser venerado o ser muy apreciado, sigue siendo una creación y no refleja quién y qué es realmente la persona. Es como una falsa realidad, pero en el buen sentido. He sido testigo de personas que fueron puestas en un pedestal, y fueron seducidos por esa realidad, dando así un impulso a sus egos. Las celebridades son un gran ejemplo de esto. Aquellos que no están bien fundamentados en quienes son, pueden perderse en esa falsa realidad de que su identidad es lo que otros han creado. Entonces puede ser una espada de doble filo. Redescubrir tu propia autoestima y estar centrado en esa conciencia te ayuda en gran medida a contrarrestar las proyecciones. Mi libro anterior *"Appreciating Me Journal: An Exercise in Self-Worth"* es un gran ejercicio para ayudarte a comenzar a hacer esto, porque te ayuda a centrarse en quién eres según TU, y no según nadie o algo externo a ti, ya sean buenos o malos.

El Aquí y El Ahora

Nuevamente, aquí puedes hacer los cambios correspondientes si es de naturaleza tecnológica. Por ejemplo, si es el Wi-Fi en tu hogar, puedes optar por tener conexiones por cable a través de Ethernet. Si es tu conciencia de los demás en tu entorno, te sugiero que aprendas a fortalecer tu campo magnético y aprendas formas efectivas de detener la comunicación que se produce. Nuevamente, puedes encontrar que la tercera técnica en el primer conjunto de ejercicios puede ser útil con esto.

Cuando se trata de esa conciencia de pensamiento masivo, o algo que sucede en tu barrio, eso es algo que también está fuera de tu control. Encontrar maneras de alinearte con lo que prefieres experimentar puede ayudar con esto. Es lo que llamo "redirigir tu atención". Esto podría ser simplemente elegir escuchar, leer o mirar algo que te inspire o te lleve a un espacio de amor. También podría ser meditación, oración o cualquier forma de práctica espiritual que te ayude a dirigir tu atención a lo que prefieres experimentar. Independientemente de lo que elijas hacer para contrarrestar cualquier experiencia incómoda, requiere disciplina y mucha repetición para fortalecer tu inmunidad, ya que esto aumenta la fuerza de su voluntad. Es posible y se puede lograr, pero debes estar dispuesto a esforzarte.

Nuestra Propia Energía

Cuando tu energía esté desequilibrada, haz cualquier ejercicio con el que estés familiarizado que funcione para recuperar tu energía. De hecho, enseño una técnica que te permite equilibrar tus 7 centros de energía vital (chakras) y el sistema endocrino correspondiente, utilizando tu propia voz o sonido, y solo toma unos minutos hacerlo. Pero, si tienes tu propia forma efectiva de hacer esto, hazlo diariamente.

Esta es también el área donde mencioné anteriormente con respecto a una "falta de acción". En otras palabras, sentiremos molestias si no hacemos algo para mejorarlo. Por ejemplo, he observado aquellos con los que he entrenado en Reiki, y otros que se han entrenado en Reiki, que terminan fallando cuando se trata de aplicar Reiki como autocuidado. Tienen un gran recurso disponible para ellos, pero no lo usan. En realidad, cualquier técnica de trabajo energético es excelente, pero solo si la usas.

Si tu energía está estancada y aún no tienes formas de moverla, aprende cómo hacerlo como autocuidado. Enseño una rutina extensa que mueve energía por todo el cuerpo, y además técnicas para elevar la vibración también. Combinar ambos ejercicios de movimiento de energía con actividades que aumentarán tu vibración es aún mejor. Esta forma de autocuidado ayuda mucho a eliminar la posibilidad de que experimentes molestias porque tu propia energía está estancada o paralizada. Encuentra lo que funciona para ti para mover y aumentar tu energía, y utilízala con frecuencia.

Cuando se trata de tus grabaciones personales, puedes hacer cualquier técnica que ayude a corregir tus espacios interiores y transformar la forma en que experimentas esas grabaciones. Enseño a mis clientes varias técnicas de respiración, junto con técnicas de trabajo interno, que les ayudan a transformar cómo se experimenta la grabación. Cuando estamos experimentando una grabación de un evento pasado, no estamos experimentando el evento en sí, sino la reproducción de ese evento. Aunque podemos transformar cómo lo experimentamos, no podemos borrar la grabación. Sin embargo, podemos neutralizar sus efectos para que, cuando se reproduzca, ya no nos afecte. Aunque, es importante tener en cuenta aquí que, si se trata de recuerdos traumáticos, debes estar preparado para enfrentarlos moviéndote a través de ellos. Este proceso transforma enérgicamente la grabación magnética. Debido a que esto puede ser extenso y específico para el historial personal de una persona, no cubriré el "cómo hacer aquí".

Ejercicios Para Transformar Tu Energía

*D*ebido a que equilibrar, impulsar y mover tu energía requeriría más que un libro, te voy a dar cuatro técnicas que puedes usar ahora, y cuando lo desees, para comenzar a transformar lo que estás experimentando. Después de todo, el resultado final, cuando se trata de cómo experimentamos la energía, es tener formas efectivas de transformarlas cuando se vuelven incómodas de alguna manera. Y con la proliferación de Internet, el nivel y la frecuencia de la comunicación continua que se produce hoy en día no tiene precedentes. No es de extrañar que cada vez más personas sientan los efectos sin darse cuenta de dónde provienen.

Ya sea que te consideres sensible o no, te recomendaría que hagas los siguientes ejercicios de todos modos y observes los resultados. Aprendemos al hacer y observar cuáles son los resultados, y al hacerlo, podemos comenzar a construir nuestra biblioteca de referencia personal. Incluso puedes comenzar a notar sensaciones o molestias específicas, la 'firma' específica, al hacer estos ejercicios.

Recuerda ser tan resuelto como sea posible al hacer esto y confiar. Para los principiantes, recomiendo repetir el ejercicio al menos 7 veces seguidas. Similar a hacer una afirmación, repítela 7 veces seguidas. Probablemente encontrarás, como lo hacen mis nuevos clientes, que, para la séptima repetición, estás mucho más resuelto que cuando comenzaste. Eventualmente, si memorizas y realmente practicas esto consistentemente, tu fuerza de voluntad aumentará hasta el punto en que solo tendrás que hacer el comando una vez. Y si te vuelves muy hábil en eso, realmente experimentarás un pulso magnético saliendo de tu cuerpo. Como una onda esférica invisible de 360 grados, se expulsará de ti y alejará las otras energías.

Primer Ejercicio – Transformando Grabaciones de Otros

Antes de comenzar, haz una pausa y ten en cuenta cómo te sientes en este momento. Incluye todo tu cuerpo, de pies a cabeza. Asegúrate de notar y estar al tanto de cualquier molestia. Además, asegúrate de incluir tu vista y cómo te sientes mentalmente (por ejemplo, mentalmente nublado o despejado, sea lo que sea). Solo toma nota mental de cómo te sientes en este momento.

En este ejercicio en particular, verás que utilizo el término "observador interno". Nuestro observador interno es la parte de nosotros que puede observar objetivamente nuestra realidad. Es la parte más profunda de nosotros. Debido a que es un objetivo, está en una posición mucho mejor para ver el bosque por los árboles. Si puedes confiar en que la parte más profunda de ti, que yo llamo el observador interno, no solo puede guiarte con cualquier trabajo de curación, sino también trabajar contigo para manifestar la transformación, descubrirás un aliado siempre presente.

Hay momentos en los que podemos experimentar la energía de otras personas: los sonidos que nos han hablado, sus energías, telepatías y grabaciones. Para transformar esto, podemos hacer este comando telepático muy simple.

Te recomiendo que hagas esto ahora. Elige a alguien con quien hayas hablado recientemente y que después te haya dejado sintiendo notablemente mal, o simplemente no seas tú mismo. Realiza el comando telepático, en su totalidad, al menos 7 repeticiones seguidas. No tengas prisa y recuerda que se trata de una orden, de modo que controla la fuerza de tu voluntad.

Toma una pausa ahora y haz el ejercicio. (Recuerda, puedes hacerlo en voz alta o internamente):

"¡Atención! Observador interno, mi otro....... borrar, eliminar y destruir, de todos mis cuerpos ... todos los sonidos, energías, telepatías y grabaciones, que vinieron de (inserte un nombre o ubicación) ".

Y luego repítelo, ordenando: "Una vez más, para un beneficio, observador interno, mi otro ....".

También puedes agregar allí: transmisiones, proyecciones, anormalidades y deficiencias, que vinieron de otros cuerpos (cualquiera o todos estos).

Cuando uso las palabras "anormalidades y deficiencias", esto simplemente describe todo lo que estoy experimentando energéticamente de otro cuerpo que no es normal para mi cuerpo. La anormalidad simplemente significa que es anormal en comparación conmigo y es lo mismo con las deficiencias. ¿Recuerdas cuando mencioné que cuando dos campos de energía se comunican, no siempre son compatibles? Entonces, un campo de energía (el cuerpo, los pensamientos, los sentimientos, etc.) de la otra persona vibra de acuerdo con ellos, mientras que el mío (mi cuerpo, pensamientos, sentimientos, etc.) puede diferir. Cuando difieren, si el otro cuerpo está enviando una señal de que mi cuerpo no se alinea, es anormal para mí. La única ocasión en que esto sería realmente bueno, es cuando el otro cuerpo envía información de salud, vitalidad, juventud o cualquier cosa que tenga una vibración más alta. Las emociones y los sentimientos también emiten una frecuencia específica. Cuanto más saludable es la emoción / sentimiento, mayor es la frecuencia (o vibración). Pero entonces, probablemente notarás que simplemente te sientes bien estando cerca de esa persona. Lo mismo también sería cierto para las ubicaciones.

Todo lo que estás haciendo al usar el comando anterior es trabajar para neutralizar cualquier efecto energético potencial de otros cuerpos que te estén incomodando. Esto de ninguna manera afecta a la persona o ubicación que mencionas. Es solo con el propósito de transformar lo que TU cuerpo está sosteniendo como una experiencia energética.

Cuando se complete, una vez más, realiza una autoevaluación de cómo te sientes. ¿Cómo se siente tu cuerpo ahora? ¿Ha cambiado algo? Esta es una parte importante de cada ejercicio, ya que te ayuda a aumentar tu conciencia de cómo la energía te afecta y cómo la experimentas personalmente, en sus muchas formas. Descubrir cómo te hizo interactuar con esa persona o lugar, te brinda información importante que puedes agregar a tu biblioteca de referencia personal. Además, cuando se trata de este simple comando telepático, y cuando se trata de lo que estás percibiendo (estás interpretando tu entorno), reconoce que es tu energía.

Es importante tener en cuenta aquí que este y cualquier ejercicio que doy no tienen la intención de crear una actitud que las personas de las que salgamos deben evitarse porque interactuar con ellos nos hizo sentir incomodidad después. Mientras vivamos en este mundo, todos tenemos equipaje energético, por lo que todos estamos en el mismo bote. Algunos son simplemente más claros que otros y / o tienen una mayor vibración de energía. En otras palabras, es la naturaleza de la vida, porque la energía siempre está en comunicación. Esto significa que tu energía también afecta a otros de manera cómoda o incómoda. Por lo tanto, no culpamos; simplemente asumimos la responsabilidad de transformar nuestra propia energía para que podamos estar en un mejor espacio nosotros mismos. Esto naturalmente tendrá el efecto secundario de ayudar a otros simplemente con nuestra presencia.

Segundo Ejercicio - Comunicación Con Tu Cuerpo

Una vez más, recuerda que la conciencia energética puede ser entrante desde una fuente externa (desde la distancia o desde el aquí y el ahora) o saliente (cuando estás percibiendo, y tu conciencia se está moviendo hacia tu entorno e interpretando lo que está allí). A menudo, es cuando nuestra energía está percibiendo que tendemos a malinterpretar lo que estamos experimentando. Esto fue algo en lo que personalmente tuve que trabajar al discernir mis experiencias, porque para mí cada experiencia parece que está sucediendo aquí y ahora.

Una de las formas en que podemos comenzar a transformar lo que estamos percibiendo, es comunicándonos con nuestro cuerpo, ya que nos permite un nivel de conciencia de energía a través de sensaciones, pensamientos y sentimientos.

A diferencia del primer ejercicio, este es uno que harás cuando la situación se presente, ojalá recordarás usarlo. Esta instrucción telepática en particular es menos un mandato y más una comunicación cooperativa con tu cuerpo. No se habla internamente de manera contundente, sino de una manera amorosa pero resuelta. Se utiliza para comunicarte con tu cuerpo para no aceptar energías que de ninguna manera no son amorosas o curativas en ningún lugar. Esto se puede usar cuando compras, en el trabajo, en reuniones o cuando estás fuera de casa en espacios públicos que tienden a ser erráticamente energéticos simplemente debido a su naturaleza transitoria.

Cualquier persona que trabaje con personas, especialmente quien utilice su cuerpo, se beneficiará realmente de usar este comando interno antes de trabajar con los clientes. Los masajistas con los que he trabajado en el pasado siempre se han sorprendido de lo simple, pero efectivo, que era esta simple instrucción. Se sintieron notablemente mejor después de un día completo de trabajo con clientes.

De hecho, comencé a usar esta técnica en 2003 cuando comencé a participar en acciones de Reiki. Si no estás familiarizado con las acciones de Reiki, al menos a las que asistí, es cuando los practicantes se juntan y trabajan entre ellos. Si tiene 8 practicantes, 1 estará en la mesa de masaje, mientras que los otros 7 trabajarán simultáneamente en chakras específicos de la persona en la mesa. Curiosamente, una mujer me mencionó después de mi turno en la mesa, que no debía haber necesitado ninguna energía curativa porque sus manos no se calentaban ni se enfriaban. Con Reiki, las manos de un practicante se calientan automáticamente a medida que canalizan la fuerza vital universal. Cuando un área del cuerpo no necesita curación, las manos a menudo permanecen frías, como un interruptor de curación que simplemente no se enciende porque no es necesario. Sin embargo, debido a que también soy consciente de que las energías pueden transferirse entre el profesional y el cliente (y viceversa), utilicé la siguiente comunicación con mi cuerpo para no permitir que eso suceda. Si algo respaldara la energía curativa del practicante, entonces la energía simplemente no sería aceptada en absoluto.

Este ejercicio se realiza antes de ingresar al espacio / tienda / lugar, o trabajar con un cliente / consumidor en particular. Coloca tu mano izquierda sobre tu plexo solar (el área justo debajo de tu esternón, el hueso central en tu pecho) para ayudar a enfocar tu comunicación en tu cuerpo y simplemente habla internamente:

"Cuerpo, solo acepta energía amorosa y curativa de (inserta ubicación, persona, evento). Rechaza todo lo demás."

Nuevamente, recomiendo reiterar estas 7 repeticiones seguidas.

Esto también se puede repetir mientras estás en el espacio o ubicación si sientes la necesidad de reafirmarlo. Realmente te animo a que lo pruebes tan a menudo como sea posible. Recuerda, el nivel de tu sinceridad y convicción jugará un papel importante en qué tan bien funciona este o cualquier instructivo.

Tercer Ejercicio - Colgar el Teléfono

Anteriormente, mencioné que a veces lo que estamos experimentando es de nuestra propia culpa. Reconocer de qué manera me estaba causando incomodidad, fue uno de los momentos más importantes de "descubrimiento" que tuve hace unos 11 años. Ya era consciente de que mi atención dirige no solo mi energía, sino también mi conciencia (percepción). Pero, por alguna razón, no estaba reconociendo que cada vez que "yo" estoy pensando en alguien, o incluso en una ubicación, me estoy conectando con ellos (o la ubicación) enérgicamente. En esencia, estaba haciendo una llamada telefónica. Como allí sucede, la energía (o comunicación) fluye en ambas direcciones. Nunca es unilateral. Descubrí que mi energía también podría verse afectada simplemente por pensar en alguien o en un lugar, porque entonces comenzaría a experimentar la energía en el otro extremo de la línea telefónica. Después de tener este momento de "descubrimiento", creé un comando telepático para ayudarme a "colgar el teléfono", básicamente para desconectar la telepatía que estaba ocurriendo.

Cuando comencé a enseñar este simple comando telepático a otros, los resultados también fueron consistentemente sorprendentes para ellos. Gran parte de lo que estaban experimentando simplemente se detendría. De estos primeros 3 comandos telepáticos en este libro, este es probablemente el más importante, no solo para reconocer, sino para utilizar. Tienes que utilizarlo para reconocerlo, y te animo a que lo hagas.

Antes de hacer este comando telepático, me gustaría que, una vez más, hagas una autoevaluación. Estás aquí ahora, presente con tu cuerpo y toma nota de cómo te sientes. Luego, elige a alguien en quien hayas estado pensando recientemente, con quién te gustaría simplemente colgar el teléfono y pronuncia este comando internamente:

A través de mi voluntad, yo ordeno, todas las energías, telepatías y transmisiones, desde y hacia (insertar nombre o fuente), terminadas permanentemente".

Otra vez, siete repeticiones.

Una vez más, vuelve a evaluar cómo te sientes ahora. ¿Cómo se siente tu cuerpo después de hacer esto y qué cambió?

Cuanto más hagas este ejercicio, más te sentirás como tú. Y con suerte, también reconocerás que a veces, cuando no te sientes como tú mismo, es posible que desees considerar en quién o qué ha estado pensando. Porque si has estado pensando en alguien o en algo, te has conectado a él/eso enérgicamente todo el tiempo, en una comunicación de energía bidireccional.

Si trabajas con otras personas, ya sea como profesional holístico, o alguna forma de terapia, este comando será realmente útil para desconectarte con tu cliente después de trabajar con ellos. Tendemos a desarrollar una relación más fuerte con las personas con las que trabajamos regularmente. Esto crea una conexión telepática más fuerte que si la relación fuera más casual o momentánea. Este comando telepático es a menudo una de las primeras técnicas que enseño a los practicantes holísticos, y siempre han encontrado que es muy útil.

Este comando telepático en particular es también realmente útil para aquellos que usan las redes sociales en línea, de cualquier manera, o están constantemente enviando mensajes de texto. Si ejecutas este comando con respecto a plataformas de redes sociales específicas, me sorprenderá si no notas ninguna diferencia. La mayoría de las personas, al menos, comenzarán a notar que se vuelve más silencioso internamente y su cuerpo se relaja notablemente. Algunos pueden experimentar aún más. Sin embargo, también puede ayudarte a reconocer cómo la comunicación, en cualquier forma, puede contribuir al ruido interno excesivo y al diálogo, debido a la atención constante a través de los pensamientos que le damos, y los pensamientos que otros nos dan a través de él. Si te encuentras teniendo conversaciones internas con personas o pensando en ellas, entonces este comando telepático realmente te ayudará. También puede ayudarte a reconocer si tienes un hábito excesivo de pensar constantemente en los demás, de tener esos diálogos internos con personas que no están allí personalmente. También puedes descubrir que, idealmente, es más saludable practicar estar completamente presente en el ahora, para que puedas transformar este hábito.

Una vez estuve hablando por teléfono con otra mujer profesional, y aunque era consciente de todos los disturbios energéticos en su energía, no fue hasta que mencionó que sentía los efectos de tener que usar las redes sociales para su negocio que hablé claro. Era mi intención ofrecerle algo de alivio, así que le dije: "Déjame ayudarte con esto". Luego le pedí que hiciera el comando anterior con respecto a la plataforma específica de redes sociales que mencionó, y cuando terminó, respondió: "Vaya, simplemente sentí que algo cambiaba". En realidad, nada cambió. Simplemente se detuvo. Recuerda, este comando es simplemente detener la comunicación, como colgar el teléfono. Aunque ella interpretó el cambio energético como un "cambio", en realidad fue un cese del bombardeo energético. Ella lo sintió inmediatamente después de hacer esto, dándole alivio.

Al igual que los clientes y mi propia persona que utilizamos sinceramente esta técnica, te das cuenta de que las molestias que sientes a menudo debido a un pensamiento excesivo son de tu propia culpa. Es irónico que la cantidad de diálogo interno excesivo que muchos experimentan hoy, me atrevería a decir, está en correlación directa con la forma en que la tecnología "conectada" los alienta a ser, o que eligen ser. Sin embargo, no se ha tenido en cuenta todas las sutilezas involucradas y cómo esto puede afectarnos a largo plazo.

También me gustaría agregar aquí que cuando "cuelgas el teléfono" con alguien, básicamente también le estás dando un alivio a esa persona. Debido a que estás deteniendo esa comunicación bidireccional, y a menudo sentirás un cese de algo, ellos también lo sentirán. Por lo tanto, en esencia, no solo es un regalo para ti, sino también para la otra persona.

Cuarto Ejercicio – Estar Conectado a la Tierra Vs. Estar Completamente en Tu Cuerpo

Ha sido una práctica bastante común para muchos que hacen, y han estado haciendo, trabajo de energía, alentar a las personas a "conectarse a la tierra". A menudo, esto se basa en la visualización que conecta el cuerpo con la tierra, y quizás adicionalmente, con el universo, para establecer un sentimiento más arraigado. Según mi experiencia, en los años de mi trabajo con la gente, lo que realmente buscan es estar más presente en sus cuerpos. Esto es en realidad lo que las personas quieren decir cuando dicen que sienten la necesidad de "estar conectado a la tierra". Explicaré por qué digo esto y por qué me gustaría que consideraras esta alternativa posible.

Ya he mencionado repetidamente que todo es energía. En realidad, casi se ha convertido en un término cliché. Sin embargo, cuando salimos de él y comenzamos a considerar realmente cómo eso se traduce en nuestro funcionamiento cotidiano, es cuando llegamos a una mejor comprensión de lo que realmente significa. Como mencioné, nuestra energía personal está dirigida por nuestra atención. Donde sea que esté nuestra "atención", allí es donde va nuestra energía. Entonces, pongamos esto en términos prácticos. En cualquier momento dado, la mayoría de las personas probablemente tienen 1, 2 o todo lo siguiente en su atención:

- Lo que vas a ponerte ese día.
- Lo que tienes que preparar para el trabajo ese día.
- Con quién tienes que comunicarte, por llamada, mensaje de texto o correo electrónico.
- Tu lista de tareas pendientes.
- Alguien que conozcas en quién puedes estar pensando, es decir, familia, pareja, amigos, compañeros de trabajo, etc.
- Lo que vas a comer.
- Lo que estás leyendo. escuchando o mirando.

Bueno, entiendes lo esencial. Básicamente, nuestras atenciones están por todos lados y de manera continua.

Energéticamente, esto significa que hemos dirigido nuestra energía a todas esas direcciones múltiples. Supongamos que es una batería de 12 voltios, como la que tienes en tu vehículo. Esa batería solo suele contener un poco más de 12 voltios. Enciendes el motor, ahora la batería proporciona electricidad a varios sistemas en tu vehículo. Los cables eléctricos ahora están dirigiendo energía a varios sistemas (esto sería metafóricamente tus atenciones), saliendo de la batería. Bueno, no hemos terminado. Hace un poco de calor, así que ahora vamos a encender el aire acondicionado, otra atención y otro flujo de energía eléctrica saliente de la batería. Cada atención que creamos es como encender algo más en el vehículo.

En la metáfora anterior, tú eres la batería y tu energía se va a todos esos intereses. El desafío es este .... TÚ estás dirigiendo tu energía. Y el desafío adicional es este también ... a menos que tengas prácticas personales para ayudar a tu cuerpo enérgicamente (esto es el equivalente del alternador en el vehículo que sigue creando energía para energizar la batería) también comenzarás a sentirte cansado, menos centrado y "fuera de lugar" contigo mismo.

Todo esto sucede porque literalmente has enviado tu energía a todas esas atenciones. Esto te hará sentir lo que la mayoría de la gente llamará "no conectado a la tierra", cuando en realidad tu energía no está en TU cuerpo. Todo está ahí afuera en alguna parte. Esta es una de las razones por las que hay tantas tradiciones de conocimiento que alientan a una persona a estar presente en el momento y comenzar a reinar en ese diálogo interno constante, o a cultivar el silencio. Estas prácticas están destinadas a ayudarte a devolverte tu energía disminuyendo y eventualmente eliminando esas atenciones constantes.

¿No estoy seguro si lo que estoy diciendo es posible? Luego intenta esto y decide tú mismo si existe alguna posibilidad de que haya validez en lo que digo aquí.

Detente por un momento y coloca tu mano izquierda sobre tu plexo solar. Esta es el área justo debajo de tu esternón, el hueso central de tu pecho. Mantén tu atención allí, luego habla internamente:

Por mi voluntad, llamo a que vuelva a mí toda mi energía ... todas mis atenciones... toda mi conciencia. Llamo a TODA mi energía de vuelta a mí AHORA ".

Reitera esto al menos 7 repeticiones y realmente dilo en serio. Entonces comenzarás a sentirte más "en tierra" como la mayoría diría. En realidad, estarás más presente dentro de tu propio cuerpo, y esto te permitirá sentirte menos "disperso".

Ahora, no estoy diciendo que la práctica de la conexión a tierra no tenga mérito. Lo que digo es que la mayoría de las veces, cuando nos sentimos "fuera de lugar" o "no todos aquí", es porque no lo estamos. Devolvernos nuestra energía y conciencia nos ayuda a resolver esto. Además de colgar ese teléfono.

¿Cómo Distinguimos la Diferencia Entre las 3 Formas en Que Experimentamos la Energía?

Hemos establecido que las formas en que experimentamos la energía pueden sentirse iguales. A menudo, descubrirás lo que estás experimentando con los resultados que obtienes al hacer los ejercicios. Pero, tendrás que descubrir, como lo hiciste afortunadamente al hacer el simple ejercicio de borrar las grabaciones de otros, que eliminaste una grabación. No alejaste nada de ti. Solo considera todas las posibilidades de cuánto podemos experimentar, o hemos estado experimentando, de cualquier tipo de molestia, que podemos haber asumido que ha sido algo que viene fuera de nuestro cuerpo, pero en realidad ha sido solo una grabación todo el tiempo, aunque convincente.

Es importante recordar la telepatía entre las personas. Mientras más relación tengamos con otra persona, más fuerte será la telepatía. No siempre tiene que ser necesariamente amigos cercanos, socios o familiares. También podría ser clientes. Si tienes un cliente que ves regularmente, esa es una relación y estás intercambiando energía (comunicación) de manera regular. Puede que no sea necesariamente íntimo. Sin embargo, las personas que realizan trabajo con sus manos serían íntimas, simplemente por la naturaleza del trabajo que realizan, porque se conectan físicamente con otro cuerpo. También podrían ser personas en la oficina porque estás cerca de las mismas personas durante la mayoría de tu día y semana. Eso también establece una fuerte relación energética, por lo que puedes sentir cosas de esas otras personas. También ese es el lado de la percepción, donde estás percibiendo (o leyendo enérgicamente) aquellos con quienes tienes una buena relación. Solo eres tú, enérgicamente, interpretando tu entorno o los cuerpos de aquellos en tu entorno.

Notas Finales Sobre las Formas en Que Experimentamos la Energía

Espero sinceramente que hayas hecho los ejercicios y hayas comenzado a descubrir algunas cosas sobre la naturaleza de la energía, la comunicación y cómo te sientes en un momento dado. También espero que continúes poniendo a prueba los comandos telepáticos en muchas situaciones.

Los comandos telepáticos ofrecidos en este capítulo pueden ser muy efectivos y se consideran comandos básicos, que se pueden adaptar según la situación. Se recomienda que trabajes con alguien que esté familiarizado con este trabajo si deseas obtener más información. Esto te permitirá aprender cómo adaptarlos mejor a tus necesidades y / o desafíos únicos. Sin embargo, siguen siendo efectivos en su forma básica.

Además, hacer estos comandos telepáticos te ayudará a discernir no solo qué o quién (incluido tú) puede estar causándote molestias, sino también de qué manera está sucediendo. ¿Cuál es la **signatura** exacta de la energía que experimentas de una persona o lugar en particular? Podría ser cualquier cosa. Mis clientes a menudo me dicen que se sienten más tranquilos, que se detiene un malestar corporal o que su cabeza se siente mucho más clara y más. Cada uno de ellos describe lo que una persona puede experimentar cuando la incomodidad se ha detenido: la energía se ha transformado de alguna manera. Lo que sucedía antes de la experiencia de alivio es la signatura energética: la forma única en que nuestro cuerpo interpretaba la comunicación que estábamos experimentando de la otra persona o ubicación. Como ejemplo, si al hacer una fuente específica (persona o no) con un mando telepático se produce un cese del ruido interno (se detiene), entonces una de las "signaturas" para esa fuente es el ruido interno. O, si experimentas una sensación de confusión en la cabeza, haz un comando telepático y tu cabeza ya no se sentirá nublada, entonces sentirse con la cabeza nublada es una firma de esa fuente. Si ya eres sensible a la energía, espero sinceramente que encuentres especialmente útiles estas técnicas. Como persona sensible, sé desde mi experiencia personal lo útiles que son.

Introducción a los Acuerdos

Aunque muchas más personas hoy están familiarizadas con los acuerdos y han encontrado su propia forma de abordarlos, esto realmente se trata de mi viaje, incluido lo que descubrí al principio y cómo se desarrolló a lo largo de los años. Sin embargo, antes de cubrir mi historia, creo que sería una buena idea hablar sobre lo que es un acuerdo, en la forma en que lo entiendo de mis observaciones, incluida la forma en que los hacemos.

Un acuerdo es básicamente todo lo que cumplimos. En mis experiencias, lo que también descubrí fue que estos acuerdos que hacemos se hacen inconscientemente. No somos conscientes de que estos acuerdos están sucediendo, y esto es clave para todo lo que discutiré y los ejercicios que incluiré. ¿Qué significa cumplir en relación con los acuerdos? El cumplimiento es cuando cedemos a la voluntad de los demás, en muchas situaciones diferentes. También se trata de consentimiento, es decir, un acuerdo pasivo sin protesta. Y, no nos damos cuenta de que hacemos esto.

Te diré cómo llegué a esta conciencia, con mi primera experiencia, que ocurrió hace más de una década. Sucedió mientras estaba en un largo viaje, sola. Tengo la tendencia a no escuchar la radio cuando conduzco porque siento que es un buen momento y espacio para hacer un poco de observación o trabajo interno. En ese momento, estaba contemplando una observación. Había visto intuitivamente cómo una pareja de las mujeres que me rodeaban en ese momento manipulaban a otras personas, y esas personas ni siquiera sabían que estaban siéndolo. La manipulación es como una forma sutil de influir en los pensamientos y sentimientos de otras personas. En el proceso de observar esto, volví sobre mí misma y me pregunté: "Espera un minuto. ¿Hago eso? ¿Estoy manipulando personas sin siquiera darme cuenta de que lo estoy haciendo? " Sentí que estas mujeres no sabían que estaban haciendo esto. También sabía que la fuente real de la manipulación no era ellas, sino algo más. Pero, ese es un tema que puedo reservar para un libro posterior. Luego volví a esa pregunta y la dirigí hacia mí, sintiendo que no quiero manipular a las personas. No quiero que otras personas, de ninguna manera, hagan algo porque yo quiero que lo hagan. Estaba discerniendo que tenía que ver con querer, necesidades y deseos inconscientes. Me sentí lo suficientemente fuerte sobre esto como para tomar la decisión de romper cualquier acuerdo que pudiera haber hecho. Digo "pude haber hecho", ya que lo que observé estaba ocurriendo a un nivel sutil que no conocemos. Luego, creé una secuencia realmente simple y rápida, a la que volveré más adelante, cuando cubra todos los diferentes guiones de "ruptura de acuerdo" que probé a lo largo de los años. Sin embargo, lo interesante fue que cuando rompí ese acuerdo, sucedió algo. Hubo una manifestación, así que tuve que concluir que debe haber algo de verdad en esto. Simplemente, la manifestación fue mi prueba. Desde entonces, he revisado la misma ruptura original de acuerdos que hice para ese mismo propósito, porque nunca quiero manipular, de ninguna manera, a otras personas. Eso es importante para mí porque no quiero ser manipulada. Si no quiero serlo, entonces es justo que la sensación de no manipular a los demás comience conmigo.

Avancé un par de años y tuve otra experiencia. En esa experiencia, estaba en una lavandería lavando mi ropa, y me encontré con una mujer que yo sabía que se había lesionado la pierna en el trabajo. Como haría la mayoría de la gente, le pregunté: "¿Cómo está tu pierna?" Y, Dios mío, fue como si abriera la caja de Pandora, porque todo lo que dijo después de esa pregunta fue simplemente negativo. Estaba diciendo cosas terribles sobre su jefe, el lugar de trabajo y toda la situación. Ella en realidad nunca respondió mi pregunta sobre su pierna. Sin embargo, lo interesante fue que, mientras la escuchaba, empecé a tener dolor de cabeza y mi cuerpo comenzó a sentirse agotado. Mientras esto sucedía, me puse en modo de observador. Estaba observando lo que ella decía y cómo me sentía. Me di cuenta de que algo estaba pasando aquí. Después de observar esto por lo que sentí que era lo suficientemente largo, solo puse cualquier excusa para terminar esa conversación sin ser descortés. Mientras tanto, seguí observando cómo me sentía: el dolor de cabeza y la terrible sensación en mi cuerpo de ser drenado o vaciado. No es inusual para mí tener una experiencia hasta que siento que he observado todo lo que puedo de ella, así que la sostuve mientras continuaba haciendo mandados esa mañana. A la hora del almuerzo, pensé que ya era suficiente, y decidí romper los acuerdos con esta mujer, solo para ver qué pasaría. Entonces, eso fue lo que hice. Hice este rápido rompimiento de acuerdos con respecto a ella. En el momento en que terminé de romper el acuerdo internamente, el dolor de cabeza se detuvo al instante, al igual que lo que sentía mi cuerpo. Toda la incomodidad se detuvo. Los resultados instantáneos no solo fueron sorprendentes para mí, sino también inesperados, en el buen sentido.

Desde entonces, he seguido explorando; ¿De cuántas maneras diferentes hacemos acuerdos? Al observar la situación anterior, me di cuenta de que cuando escuchamos a otras personas y les permitimos hablar, especialmente cuando es negativo, básicamente estamos accediendo. Estamos haciendo ese acuerdo pasivo porque estamos escuchando, y no estamos haciendo nada para intentar transformar la energía negativa, porque es energía. Básicamente solo estamos permitiendo que suceda. Recuerda, si lo permitimos, es un acuerdo. Si estamos accediendo, estamos haciendo un acuerdo a un nivel que no conocemos. De hecho, llegué a llamar a esto un "acuerdo de comprensividad", porque simpatizamos con las personas, y es muy común. Debido a que soy sensible a la energía, tiendo a sentir ese tipo de experiencias. Otras personas pueden ser menos sensibles. ¿Esto significa que las personas que no sienten molestias, es porque no les pasa nada? Mi experiencia con los clientes es que todavía sucedía algo; simplemente no sabían cuándo sucedía. Para mí se trataba realmente de … ¿qué está pasando aquí? Entonces, comencé a probar esto aún más rompiendo acuerdos con otras personas, no solo con las personas de las que podía observar notablemente una incomodidad, sino con cualquiera. Incluso la gente con la que estaba trabajando. Hice esto solo para poder observar lo que ocurriría.

Esto realmente me lleva a otra cosa. Es bastante común para una persona que trabaja con otros en una relación terapéutica o curativa, que un cordón energético temporal tiende a crearse entre el profesional y el cliente. Estos cables energéticos podrían fortalecerse con el tiempo si ese cliente se vuelve muy dependiente del profesional. Yo, no necesariamente veo eso como un cordón energético, aunque puede muy bien serlo. Es solo que tiendo a ser una persona sensible, por lo que mi percepción tiende a funcionar a través del sentir. Sin embargo, hay una conexión que ocurre en esa relación. Por lo tanto, cuando rompes ese acuerdo, en realidad lo cortas. Esto es mucho más saludable para ambas partes, porque quieres que tu cliente se pare por sí solo. Deseas que otras personas se paren por sí mismas, y tú también. Es importante reconocer que de la misma manera que las personas pueden unirse con nosotros, podemos unirnos con otras personas, aunque prefiero usar la palabra conectar o conexiones energéticas. Por lo tanto, romper los acuerdos detiene las conexiones energéticas.

Continué observando y preguntando: ¿cómo funciona esto con otras personas? Debido a que he estado haciendo coaching con curación energética durante muchos años, y ayudando a las personas, realmente evolucionó en torno a ciertos tipos de energías que tenían que ver con enfermedades, patologías y traumas. Sin embargo, me gustaría incluir aquí que el trauma es muy subjetivo y puede ser absolutamente cualquier cosa. Por lo tanto, debido a que gran parte de mi trabajo evolucionó en torno a eso, tenía sentido que si iba a romper acuerdos con alguien, también debería incluir esto. Luego, comencé a leer sobre otras modalidades holísticas, como la hipnoterapia, y leí el libro del Dr. William Baldwin *"Spirit Releasement: A Technique Manual"*. Había sido un psicólogo que había desarrollado una técnica de liberación de espíritu que produjo algunos resultados muy interesantes para sus clientes. Ayudado por su esposa, el Dr. Baldwin realizó muchas de estas sesiones, utilizando la hipnosis como una herramienta para liberar los espíritus que se unen a las personas. Aunque no fue el primero en escribir sobre esto, fue mientras leía su libro que tuve un momento de descubrimiento. Esto me llevó a agregar a la lista de todas las personas o situaciones para romper los acuerdos con ellos, para ver qué pasaría. Una de las cosas que escribió, a partir de sus experiencias con sus clientes, fue que había acuerdos que las personas harían porque había cosas en lo invisible que estaban conectadas a empresas, organizaciones, centros de curación, casi cualquier cosa de esta naturaleza. Cuanto más positivo sea el trabajo de la empresa o negocio, en su intento, más probable es que tengan algo invisible que intenta contrarrestar el bien que están haciendo. Después de leer esto, comencé a tomar esto en consideración también.

Poco después, comencé mi propio entrenamiento de hipnoterapia y noté que experimenté cosas de la escuela donde estaba haciendo mi entrenamiento. Entonces decidí probar esta posibilidad rompiendo acuerdos con la escuela. Nuevamente, mucho de lo que estaba experimentando se detuvo al instante. Cuando obtengo un resultado así, eso es tan instantáneo, entonces siento que mi sospecha está validada. Nuevamente, los resultados son a menudo mi prueba. Sin embargo, quiero agregar rápidamente aquí que hay aún más aspectos "invisibles" involucrados en los que no voy a entrar en este libro. Por lo tanto, ten en cuenta que este libro solo cubre los conceptos básicos. Por lo tanto, puede haber otros aspectos de las experiencias resultantes que puedas tener al hacer los ejercicios de este capítulo sobre acuerdos. Esta es también la razón por la que incluí la "nota de advertencia" al principio, ya que puede haber una experiencia ocasional que puede ser intensa. El grado de intensidad puede depender de tu nivel de conciencia coherente, la fuente y si este tipo de experiencias te asustan. Personalmente, aunque he tenido muchas experiencias sutiles, solo he tenido dos experiencias realmente intensas durante los muchos años de hacer esto.

Uno de esos momentos completamente inesperados e intensos en mi viaje a través de toda esta cuestión de acuerdos realmente fortaleció mi dedicación para continuar haciendo la ruptura de los acuerdos. Una noche estaba tratando de dormir y no pude. Me sentí perturbada y que no era yo misma. Luego comencé a revisar una lista completa de ruptura de acuerdos porque no estaba completamente segura de qué era. Finalmente, llegué a una persona en mi lista de personas, que sabía que tenía algo que hacer con algunas formas de espíritu en lo invisible. No solo rompí acuerdos con esa persona, sino también lo que vino de ellos en lo invisible. Esta es solo una descripción simplificada. Lo que se manifestó en el momento en que hice eso fue realmente intenso. No esperaba que eso sucediera. Algo salió de la parte posterior de mi cuerpo. En realidad, sentí como si hubiera un gran vacío que sacó algo de mi cuerpo. Fue tan intenso y abrupto. Aunque no me asustó, me sorprendió, porque simplemente no esperaba que eso sucediera. Sin embargo, esto ocurrió simplemente por romper un acuerdo internamente. A partir de ese momento, realmente di a toda esta posibilidad de acuerdos, sucediendo a un nivel sutil que no sabemos que está sucediendo, mucha más atención. Sí, tuve un descanso tranquilo después de eso.

En ese momento, también, comencé a probar la posibilidad de acuerdos de otras maneras. Había comenzado a mirar películas y televisión (bueno, a través de Internet), algo de lo que me había alejado por completo durante varios años. Solía leer en su lugar. Eso comenzó a cambiar en ese momento, y comencé a notar que me sentía diferente después de ver algo. No me sentí clara en absoluto. Entonces, nuevamente, comencé a preguntarme: ¿está sucediendo algo? ¿Se está transmitiendo algo de lo que no estoy coherentemente consciente? Para probar esa posibilidad, comencé a probar diferentes tipos de secuencias de comandos para romper acuerdos. Cuando hacía eso, siempre me sentía mejor después. No era necesariamente algo profundo o intenso; fue simplemente notable. Mi cabeza siempre se sentía más clara y me sentía menos decaída.

Además, casi al mismo tiempo que todavía estaba haciendo mi entrenamiento de hipnoterapia en línea, eso fue durante meses, pasé muchas horas al día en la computadora e Internet. Entre las actividades de lectura, las discusiones, la tarea y las sesiones de práctica, estaba en la computadora mucho más de lo que había estado antes. De nuevo, noté muchos disturbios. No me sentía bien después. Luego comencé a aplicar la ruptura de acuerdos con la computadora e Internet también, y al instante me sentía mejor.

Aquí están todas estas situaciones diferentes. Ya he mencionado otras personas, empresas, organizaciones, televisión y ahora Internet. A lo largo de todo esto, continué observando lo que estaba haciendo y cómo me sentía después. Esto luego se expandió para incluir qué o a quién estaba escuchando. Como hago mucha educación continua y desarrollo de negocios en línea, a menudo escucho o veo presentaciones. Sobre todo, estaba escuchando mucho a otras personas. Después de ciertas llamadas de conferencia, seminarios web o llamadas grabadas, nuevamente notaba que no me sentía bien después. Con esa conciencia, nuevamente comenzaba a romper acuerdos para ver qué sucedía, y si eso me ayudaría a sentirme más como yo misma y despejar nuevamente.

Lo mismo sucedería con la lectura. Si leyera un libro y luego no me sintiera como yo, haría lo mismo; rompería acuerdos y vería qué pasaría. Se convirtió en un experimento en curso. Continuamente, probaría todas estas cosas y situaciones diferentes, cómo me sentiría y qué resultados obtendría. Efectivamente, ayudaría. La mayoría de las veces, los resultados no fueron profundos o intensos. Era más una sensación sutil de experimentar más claridad mental y más energía, mientras que a menudo detenía los dolores de cabeza sordos y más. Simplemente me sentí mejor.

Entonces comencé a considerar ser más específica con los incumplimientos de los acuerdos. Se me ocurrieron todas estas formas diferentes de romper los acuerdos que pude haber hecho, porque reconozco que no soy consciente de que esto está ocurriendo. Voy a revisar varios guiones diferentes que recomiendo encarecidamente. También es importante que se realicen por separado siempre que hagas algún tipo de trabajo interno o externo. Siempre haz una pausa, y te animo a que hagas esto ahora. Mi escritura al respecto es una cosa. Experimentarlo es un asunto diferente (y realmente voy a alentarte a poner esto a prueba). Llevo más de 12 años haciendo esto y sigo utilizando los guiones. También continúan evolucionando. Cuanto más observo, más descubro con cada nuevo encuentro y experiencia que tengo, sea lo que sea; es por eso que sigue evolucionando conmigo.

Lo que voy a hacer es comenzar con varios de esos comandos iniciales. Nuevamente, explora esta posibilidad. Explora esta ruptura de acuerdos. ¿Cuántos acuerdos has hecho sin saber que los estás haciendo? Noventa y nueve por ciento de todos los acuerdos que he roto en los últimos 12 años, han sido solo eso; No me di cuenta conscientemente que ocurrió. De todos modos, rompo el acuerdo, por si acaso.

Una vez más, recuerda comenzar haciendo una pausa por un momento. Realiza una autoevaluación rápida de cómo te sientes en este momento. Es importante simplemente estar atento. ¿Cómo se siente tu cerebro y tu cabeza? ¿Cómo se siente tu cuello, tus hombros, tu pecho, tu espalda, tu abdomen, tu área pélvica, tu espalda baja, caderas, piernas, pies, manos, brazos, todo? Presta especial atención al cerebro y al cráneo y a tu nivel de coherencia. Solo toma nota mental de esto ahora antes de comenzar a aplicar cualquiera de los comandos, para que puedas establecer una línea de base para cualquier cambio que pueda ocurrir. No es inusual que los cambios ocurran muy sutilmente, mientras que otros pueden ser más notorios.

Ejercicios Para Romper Acuerdos

hora vamos a comenzar a hacer algunos ejercicios, y vamos a comenzar a romper acuerdos, porque destruirlo es cuando estamos utilizando conscientemente la fuerza de nuestra voluntad para romper cualquier permiso o acuerdo, o cualquier tipo de cumplimiento que hayamos hecho. Es importante, siempre que hagas esto, que el comando siempre termine con la misma línea exacta. Siempre termina con:

"Esta es mi intención, esta es mi voluntad, por la fuerza de mi espíritu"

Usando esto como una declaración final al último de cualquier comando telepático que hagas, afirma tu voluntad y compromete la fuerza de tu espíritu. Si no te sientes cómodo usando el término "por la fuerza de mi espíritu", está bien. Sin embargo, es esencial terminar siempre con "esta es mi intención, esta es mi voluntad".

Manipulando a Otros

Utilizando la primera historia de ruptura de acuerdos que mencioné, sobre no querer manipular a otras personas por lo que había observado, este es el guion que utilicé. Te animo a que lo hagas y lo pruebes. Recuerda, no estaba eligiendo conscientemente manipular a otros y, sin embargo, algo se manifestó cuando hice esto. Este fue el guion:

"Si he hecho algún acuerdo, de cualquier forma o aspecto, que de alguna manera manipulara a otra persona, o diera permiso a algo para manipularlo para mi beneficio, para obtener lo que quiero, consciente o inconscientemente, rompo el acuerdo por completo. Esta es mi intención, esta es mi voluntad, por la fuerza de mi espíritu"

Una pregunta rápida que debes hacerte ahora es: ¿sucedió algo? Los clientes me han dicho que han experimentado que la presión se aleja de la parte posterior de la base del cráneo, se sienten más coherentes mentalmente y se aclara su garganta. Te diré lo que me pasó cuando hice esto la primera vez. No me ha sucedido desde entonces, y espero que eso indique que hice un muy buen trabajo la primera vez. En el momento en que terminé de romper ese acuerdo, literalmente sentí como una burbuja saliendo de mi pecho. También era de un tamaño decente. Probablemente se sentía del tamaño de una moneda de 25 centavos. Desde entonces, vuelvo a visitar esto de vez en cuando, porque de nuevo, no quiero ser parte de la manipulación. Otras personas son responsables de sí mismas, por lo que esta es simplemente una decisión personal.

Acuerdos Comprensivos

El siguiente guion es para romper esos acuerdos comprensivos que mencioné anteriormente que pueden ocurrir al escuchar o tener conversaciones con otras personas (ya sea en persona, por teléfono, en línea o por mensaje de texto), especialmente cuando su historia es negativa de alguna manera. También, hoy en día, incluye las redes sociales. El guion de ruptura de acuerdos que utilicé entonces fue este:

"Rompo todos los acuerdos que he hecho, de cualquier forma o aspecto, con (inserta el nombre de la persona), y cualquier" cosa "que surgió de ella

(o él) en lo invisible. Esta es mi intención, esta es mi voluntad, por la fuerza de mi espíritu."

Verás que agregué "lo invisible". Esto se debe a que estamos hablando de energía, de que algo sucede en un nivel sutil. Lo único que sé, al menos en un nivel coherente, es la incomodidad que experimenté, y no estoy segura de qué causó eso. Podría ser solo la energía. Podría ser su negatividad, o podría haber sido algo completamente diferente. Entonces, solo voy a lo invisible y permito que sea una declaración genérica para cubrir todo lo que no puedo presenciar con mis ojos.

Me gustaría que hicieras esto ahora, eligiendo a alguien con quien hablaste recientemente. Aunque ciertamente puedes elegir a cualquiera, es más fácil elegir una comunicación que hayas tenido recientemente. Tal vez elegir una comunicación que has tenido hace poco que quizás fue un poco inquietante de alguna manera. Siempre puedes regresar y volver a visitar a otras personas si lo deseas. Lo que hace esta ruptura de acuerdos, como con todos los guiones, es simplemente despejarte, sólo eso. No le hace nada a la otra persona.

Nota: La única ocasión en que esto puede afectar a la otra persona es si la otra persona te está manipulando de alguna manera o es algún tipo de vampiro energético. En situaciones como esas, no te sorprendas si actúan fuera de lugar después de haber roto los acuerdos con ellos. Una vez hice una consulta telefónica con un joven y estaba intuyendo que su novia le estaba consumiendo la energía. Para probar o refutar mi hipótesis, simplemente le pedí que rompiera acuerdos con ella usando el guion anterior. Aclaré que no se trataba de que él terminara la relación; se trataba simplemente de asegurarse de que todo lo que pudiera estar sucediendo con sutileza simplemente se detendría. Esto realmente haría que su relación fuera más saludable. También le dije que, si estaba en lo correcto, ella haría algo inusual, como un último esfuerzo para mantener su fuente de energía. Efectivamente, sucedieron algunos eventos muy inusuales esa noche que no voy a entrar aquí. Basta decir que lo que le dije que puede suceder, sucedió.

Solo te informo que no te sorprendas si sucede algo inesperado e inusual como resultado de que hayas roto los acuerdos anteriores.

Los clientes que han utilizado este guion en particular han informado que experimentan una presión que deja una parte de su cuerpo, hormigueando algunos sectores de él cuando aumenta el movimiento de energía en esa área. Luego su cuerpo se relaja notablemente, el ruido interno se calma, mientras que algunos mencionan experimentar molestias físicas que simplemente se detiene por completo y más.

No hay nada correcto o incorrecto con respecto a cualquier cosa que experimentes, ya que esto puede diferir de persona a persona y depende del tipo de ruptura de acuerdos que estés haciendo. Se podría decir que las variables son vastas. Sin embargo, cuanto más sensible seas a la energía, más consciente serás de los cambios que ocurran.

Puedes hacer una pausa y reevaluar cómo te sientes en comparación con antes de comenzar con el primer guion. ¿Ha habido cambios notables? Si es así, toma nota mentalmente y también reconoce que, hasta ahora, solo he cubierto 2 guiones. Hay más para explorar y probar.

Empresas

Aquí cubriremos empresas, escuelas (públicas, privadas, vocacionales, etc.), organizaciones, sea lo que sea. Me gustaría que elijas algo. Recuerda que tomamos en consideración el cumplimiento cuando se trata de acuerdos, y no podría ser más cierto con las empresas, negocios, etc., porque estamos cumpliendo constantemente. Es posible que desees considerar las compañías de tarjetas de crédito, bancos, servicios públicos, compañía de cable, compañía telefónica, compras en línea, servicios en línea: la lista sigue y sigue. Cumplimos con estas compañías porque tenemos que seguir sus términos de servicio o términos y condiciones, cualquiera sea la forma que tome, para hacer negocios con ellos. Sin embargo, aún puedes romper esos acuerdos internamente.

Me gustaría que elijas una compañía, escuela u organización para romper los acuerdos y luego haz el siguiente guion:

"Rompo todos los acuerdos, contactos y contratos que he hecho, de cualquier forma o aspecto, y en cada nivel de conciencia, con (inserte el nombre de la compañía), cada humano conectado a ellos y cualquier cosa que no se vea, que vino de ellos. Esta es mi intención, esta es mi voluntad, por la fuerza de mi Espíritu "

Los clientes que han utilizado este guion han informado que experimentaron un movimiento de energía que se alejó de ellos, sintieron que la presión se liberaba de la zona de la espalda y los hombros, que su garganta se sintió más clara o más liviana, o tuvieron un aumento de energía en áreas particulares de su cuerpo que a menudo se siente como una sensación de hormigueo, especialmente al romper acuerdos con tarjetas de crédito y compañías de servicios públicos. Estos son solo algunos ejemplos.

Internet

Este guion es para romper acuerdos en general cuando se trata de internet, pero puedes aplicarlo a compañías u organizaciones específicas que hacen negocios por internet. Por lo tanto, puedes usar el guion anterior para una empresa específica o utilizar este para Internet en general.

Debido al carácter de Internet, cuando rompemos acuerdos con esto genéricamente, tenemos que tener en cuenta a todas las personas que lo utilizan: su energía, cualquier transmisión y cualquier telepatía. Recuerda, la telepatía es cualquier comunicación que se produce más allá de los 5 sentidos clásicos. Acuérdate de la investigación que respalda que las personas experimentan cambios fisiológicos cuando alguien más está pensando en ellos, y que no estaban conscientes de ello. El cuerpo de ellos, sin embargo, mostró cambios medibles. Entonces, si haces redes sociales, tienes un sitio propio, o cualquier forma de esto, las personas piensan en ti cuando leen lo que escribiste, por lo tanto, hacen una conexión energética. Si realmente lo consideras, Internet está formado por personas, independientemente de lo que estés viendo, leyendo o escuchando. La gente lo creó, y la gente le agrega a ello, convirtiéndolo, en esencia, en un colectivo de energía. Esta es también la razón por la cual, si eres sensible, puedes encontrar que la sensación de Internet fluctuará. Algunos días pueden sentirse desconcertantes, mientras que otros pueden sentirse bien. Esto se debe a que el colectivo mental y emocional de Internet es de caracter dinámica.

Aquí, romperemos los acuerdos con Internet utilizando el siguiente guion:

"Rompo todos los acuerdos que he hecho, de cualquier forma o aspecto, y en todos los niveles de conciencia, con cada compañía y humano conectado a Internet de cualquier manera, incluyendo cada transmisión, cada energía y telepatía, que vino a través de internet. Esta es mi intención, esta es mi voluntad, por la fuerza de mi Espíritu ".

Los clientes informaron haber experimentado una liberación de presión en la parte frontal del cráneo y el área de la ceja, la base del cráneo, sentirse más livianos, una sensación de picazón en uno o ambos oídos (la sensación de picazón a menudo indica un aumento de la estimulación energética) y sentirse más lúcidos y tranquilos mentalmente.

Lo Que Escuchamos

Esto podría ser música, radio o su versión por Internet o videos, especialmente videos creados por otras personas. Algo adicional a tener en cuenta es lo que dije anteriormente sobre los acuerdos comprensivos, ya que muchos de los videos que las personas pueden ver son creados por otras personas, a menudo hablando de sus experiencias o comentarios. Por lo tanto, nos estamos conectando energéticamente con el individuo que estamos escuchando y / o viendo, nos demos cuenta o no. Dependiendo de lo sensible que seas, puedes o no ser consciente de eso. Cuando eres sensible, experimentarás la energía general de esa persona, de acuerdo con lo que están diciendo. Lo mismo ocurre si estás escuchando, viendo o leyendo algo que alguien más ha creado. Se trata de conectarse energéticamente, para que puedas tener una idea general de tu energía. La energía general puede reflejar cómo se sentían, en el momento en que crearon el contenido, o cómo se sienten, en el momento en que te conectas con ellos. En esencia, cuando estamos creando contenido (en cualquier forma), a menudo estamos creando una cápsula de tiempo energética. Es por eso que podría ser uno u otro.

Para hacer este guion, me gustaría que consideres una fuente. Elige algo que hayas escuchado recientemente. Puede ser la radio, un video, un audiolibro o incluso alguien con quien has hablado recientemente por teléfono o internet. Sea lo que sea, solo elige una cosa que sea reciente. Ahora usa eso con el siguiente guion:

"Rompo todos los acuerdos que he hecho, de cualquier forma o aspecto, y en cada nivel de conciencia, con cada sonido, audible e inaudible, cada transmisión, cada telepatía y cualquier "cosa" en lo invisible que vino desde (insertar fuente de sonido, por ejemplo, persona, autor, etc.). Esta es mi intención, esta es mi voluntad, por la fuerza de mi Espíritu ".

Recuerda que es importante terminar siempre con "Esta es mi intención, esta es mi voluntad, por la fuerza de mi Espíritu". Por lo menos, siempre culmina con "Esta es mi intención, esta es mi voluntad", porque los acuerdos, el cumplimiento, todas las palabras que usé anteriormente, se refieren a nuestra voluntad. Por lo tanto, tenemos que ejercer nuestra voluntad y nuestra fuerza de voluntad para romper los acuerdos.

Algunos de los clientes que han utilizado este guion informaron haber experimentado alivio en la incomodidad de la espalda baja, la alineación instantánea de las vértebras, el aumento de la lucidez mental, la eliminación de la incomodidad en el estómago o el plexo solar, y más. De nuevo, estos son solo ejemplos.

Una vez más, me gustaría recordarte que todos los guiones se crearon porque seguí probando el alcance de lo que podría estar afectando mi energía, de ahí cómo me siento. Se trataba de probar esta hipótesis en curso, que sigo haciendo hasta el día de hoy. También me encontré con que, en ocasiones, no pasó nada notable cuando rompí un acuerdo. Más tarde descubrí que si no experimentaba nada, había una buena posibilidad de que no estuviera usando las palabras correctas. Descubrí el poder de la especificidad cuando se trata de romper acuerdos. Por lo tanto, cuando no experimenté nada, no fue que no hice un acuerdo inconsciente; tenía que ver específicamente con las palabras que usaba. Si no entendemos bien las palabras al romper un acuerdo, no se manifestará ningún cambio y el acuerdo aún puede estar allí. Esa ha sido mi experiencia con todos los años probándolo y enseñando a otros.

¿Es posible que, si rompes un acuerdo y no pasa nada, es porque no hay acuerdo? Sí, absolutamente. Al usar ese primer rompimiento de acuerdos que hicimos con respecto a la manipulación de otros, algunas personas experimentan algún tipo de manifestación, mientras que otras no experimentan nada. Yo todavía vuelvo a visitar esa ruptura particular de acuerdos en ocasiones, y hasta ahora no ha sucedido nada notable desde esa experiencia original. De todos modos, sigo probándolo esporádicamente.

Lo Que Vemos

Ahora vamos a cubrir lo que vemos, ya que el guion anterior era específico para el sonido, mientras que el siguiente incluye visual. Esto podría ser películas, programas de televisión, noticias, videos de Internet, videos instructivos o seminarios web. Me gustaría que elijas uno y seas lo más específico posible al identificar el video, la película o lo que selecciones.

Recuerda hacer una pausa y hacer una autoevaluación de cómo te sientes, luego usa este guion:

"Rompo todos los acuerdos que he hecho, de cualquier forma o aspecto, y en cada nivel de conciencia, con todas las transmisiones, todos los sonidos, audibles e inaudibles, todas las imágenes, visibles e invisibles, toda inducción hipnótica, todos los humanos, y todas las cosas que no se ven, que encontré a través de (insertar fuente). Esta es mi intención, esta es mi voluntad, por la fuerza de mi Espíritu ".

Algunas de las experiencias que las personas han tenido al usar este guion fueron cambios en la garganta y la boca, donde puede sentirse más ligero o más claro, o sensaciones en la base del cráneo e incluso dentro de los oídos, aumento de la lucidez mental y más.

Si te has dado cuenta, este guion tenía nuevas palabras: "inducción hipnótica". ¿Por qué? Porque mirar videos o películas de cualquier tipo nos pone en un trance hipnótico ligero, lo que nos hace potencialmente más susceptibles a las sugerencias. Este es un conocimiento básico para cualquier hipnoterapeuta o hipnotizador. De hecho, entramos en un trance ligero haciendo varias cosas, como conducir largas distancias, leer un libro en el que estamos completamente absortos, escuchar música o incluso tener un momento de ensueño. La palabra 'inducción' simplemente indica que las palabras, sonidos, imágenes o lo que sea, pueden "inducir" (persuadir o influir) un resultado específico cuando estamos potencialmente en un estado más sugerible. ¿Es esto cierto para todos? No. El nivel de receptividad de todos a las sugerencias es diferente. Sin embargo, dado que prefiero errar por precaución, prefiero simplemente agregarlo.

Clientes

Hasta ahora, he revisado la lista de todas las cosas que mencioné originalmente y todas las formas en que estaba probando mi hipótesis sobre posibles acuerdos. ¿Dónde hice los acuerdos? Entonces comencé con otras personas. Luego, me mudé a las empresas, a Internet, lo que escucho, lo que leo y lo que veo. Hemos pasado por todo eso. Así que ahora, hemos llegado a romper acuerdos con clientes.

Esto tiene que ver con la posibilidad de un cable energético temporal (el cable es solo otra palabra para una conexión que puede ser temporal o a largo plazo), que puede ocurrir cuando trabajas con otras personas. Esto es especialmente cierto si estás trabajando con alguien con quien probablemente estarás trabajando para una serie de citas, ya que inicialmente, habrá un grado de dependencia hacia ti hasta que se mantenga en sus propios pies. Después de haber trabajado con una persona por un tiempo y haber establecido una relación, podrían ocurrir otras cosas además de esa conexión. Por lo tanto, esto ayuda al profesional a romper cualquier acuerdo y hacerlo regularmente si trabaja con la misma persona por un tiempo.

Si trabajas con otras personas, ya sea en persona o por teléfono / internet, elige a una de ellas para hacer el siguiente guion:

"Rompo todos los acuerdos que he hecho, de cualquier forma o aspecto, y en cada nivel de conciencia, con (inserte su nombre), y todas las telepatías, enlaces, cuerdas, conexiones, traumas, enfermedades y afecciones, y cualquier "cosa" en lo invisible, que vino de ellos. Esta es mi intención, esta es mi voluntad, por la fuerza de mi Espíritu ".

Quienes han utilizado este guion han informado que experimentaron una liberación de energía en la garganta y en la parte posterior del cuerpo, entre los omóplatos, una liberación de incomodidad en el plexo solar que deja una sensación de vibración o un aumento de energía en esa área, y más. Nuevamente, estos son solo ejemplos que pueden ayudarte a notar más. Cualquier cosa que experimentes, si es que hay algo, es lo que es correcto para ti.

Notas De Cierre Sobre Acuerdos

*L*o que es interesante para mí, ya que otros han utilizado estos guiones, es que todos describen diferentes experiencias energéticas que son bastante específicas, según el acuerdo que están rompiendo. En otras palabras, tienden a ocurrir en áreas específicas del cuerpo como sensación. Lo que esto indica, para mí, es que la utilización de los guiones de acuerdos de ruptura (el guion y la fuente específicas) produce un resultado específico para cada persona. Una vez más, ese resultado específico nos da una indicación de cuál es la "firma" de esa fuente.

Daré un ejemplo de lo que intento explicar. Digamos que rompo los acuerdos con una compañía específica y luego siento que mi garganta se siente notablemente más clara y ligera. Esto me indica que esta compañía en particular me afecta enérgicamente en esa área específica. Y si estudias tus chakras o centros de energía vital (como prefiero llamarlos), encontrarás que la garganta es el asiento de nuestra voluntad, nuestra capacidad de decir nuestra verdad y expresar nuestras convicciones. Por lo tanto, hacer negocios o interactuar con una empresa u organización que afecta tu garganta, de alguna manera está afectando tu voluntad. Esto puede agregar otro nivel interesante de conciencia sobre cómo hacer negocios, o tener contacto con esa compañía en particular, te afecta enérgicamente.

Es por eso que es vital para tu propio desarrollo en el discernimiento, aplicar siempre un guion específica de ruptura de acuerdos a una sola fuente específica a la vez. Si combinas guion o fuentes, obtendrás una mezcolanza de posibles resultados y no podrás examinar cómo esa fuente en particular te afecta energéticamente. Hacerlos uno a la vez te permite desarrollar esa biblioteca de referencia personal que sigo mencionando y puede revelarte resultados interesantes.

Te animo a que pruebes todos estos guiones y lo hagas con diferentes fuentes. Siéntete libre de agregar palabras, luego observa lo que experimentas. En realidad, recomendaría agregar palabras, en lugar de eliminar palabras. Algunos de los guiones de acuerdos de ruptura que hago hoy pueden ser bastante largos, y eso está bien para mí. Prefiero no dejar ningún tema inconcluso o sin tratar. Una vez que se memorizan los conceptos básicos, se pueden realizar en cualquier lugar, en un instante, ya que se realizan internamente. Sin embargo, personalmente, descubro que tengo una intención y una convicción mucho mejor enfocadas cuando creo el espacio tranquilo para hacerlas o, al menos, puedo hacer una pausa sin interrupción, por el tiempo que me tome hacerlo.

Como mencioné antes, aquellos que tienden a ser enérgicamente sensibles, pueden ser conscientes de que suceden más cosas que aquellos que no lo son. Aquellos que sienten que no son sensibles a la energía, simplemente pueden sentirse mejor y más relajados. También es posible que hacer estos guiones realmente pueda ayudarte a aumentar tu conciencia de la energía sutil. Cuanto más presente puedas estar con cómo te sientes antes y después de hacer un guion, y cuanto más fuerte sea la convicción que tengas al hacerlo, más probabilidades tendrás de observar algún tipo de resultado.

También he terminado de romper acuerdos con ubicaciones, empleadores anteriores y actuales. No se trata solo de los posibles acuerdos hechos ahora, sino de la posibilidad de haberlos hecho en el pasado. Con clientes avanzados, incluso entro en la posibilidad de acuerdos realizados en vidas pasadas y cómo esto puede afectar potencialmente esta vida.

Utilizo esta técnica diariamente porque produce resultados para mí, siempre. De hecho, de todas las técnicas de eliminación de energía que conozco, esta es mi técnica de referencia, y termina siendo también la técnica de referencia para los clientes. Entonces puedo hacer otras técnicas para un enfoque más holístico de la limpieza.

Mi única advertencia aquí es que debes abstenerte de hacer los guiones como un robot, simplemente repitiendo las palabras, porque no funcionará. Recuerda, dije que los resultados serán iguales a tu convicción (comprometer la Fuerza de tu voluntad) y usar las palabras correctas. Tuve clientes que cayeron en esta rutina sin resultados hasta que los alenté a ir mucho más despacio, a hablar internamente cada palabra metódicamente y con convicción, y realmente decir lo que sienten o piensan. No fue hasta que hicieron esto que comenzaron a experimentar resultados.

Si realmente has estado haciendo los guiones a medida que has leído cada uno, puedes realizar una pausa una vez más y notar si sientes algo diferente en comparación con antes de comenzar a hacerlos.

Desarmando Nuestras Propias Creaciones

nteriormente, mencioné las proyecciones como una energía externa que puede provenir de una distancia, aunque también puede provenir del aquí y ahora. De todos modos, esto es algo de lo que me di cuenta muy temprano en la vida, de cómo las personas proyectarían sus pensamientos, sentimientos, expectativas, etc., sobre mí. Afortunadamente, la mayoría de las veces eran buenas, pero aún podía sentirlo. Para mí, esto siempre se sintió confinado, literalmente. La energía se sintió como una pared magnética tratando de encerrarme en un patrón rígido. Incluso si alguien pensara muy bien de mí, todavía se sentía confinado. Podía sentir esa energía tratando de afectar cómo me veía y sentía sobre mí misma, que la mayoría de las veces era más neutral. Esta sensación de neutralidad fue precipitada por experiencias que tuve al principio de la vida que me demostraron que somos ilimitados e indefinibles en la naturaleza, porque somos espíritu, no el cuerpo. Cuando comenzamos a realinear nuestra identidad con nuestro espíritu, esa auténtica energía inteligente luminiscente que somos, llegamos a reconocer todas las formas en que nos limitamos a nosotros mismos y a los demás a través de nuestros juicios, expectativas, interpretaciones y más.

Mi primera realización profunda de las proyecciones en realidad ocurrió cuando tenía poco más de 20 años. Estaba teniendo una discusión muy acalorada con mi madre, y por razones que no recuerdo ahora, estaba realmente enojada con ella. Tomando el típico enfoque de adolescente, me alejé de ella y me dirigí a mi habitación. De acuerdo, podría haber sido más como un berrinche. Tuve que bajar unas escaleras para llegar a mi habitación y, mientras bajaba la primera mitad, me hice una pregunta fundamental: "¿Por qué estoy tan enojada?".

Simplemente hacer esa pregunta desinfló la ira casi por completo, mientras que simultáneamente me di cuenta de que estaba enojada con ella porque estaba proyectando lo que "yo" quería que dijera y actuara, y ella no lo estaba cumpliendo. Entonces, en esencia, estaba enojada con lo que yo mismo había creado. Creé las expectativas, las proyecté y luego me enojé porque ella no las cumplió. En el siguiente instante, pensé: "Bueno, ¿quién soy yo para decirle a alguien más quién y qué debería ser? Eso está mal. No quisiera que me lo hicieran a mí ". Cuando me di cuenta de eso, resultó en el perdón instantáneo de mí y de mi madre. Cuando realmente llegué a mi habitación, estaba llena de amor por mí y mi madre.

Aunque he sido consciente de estas proyecciones limitantes de otros, no fue sino hasta hace unos 11 años, que una vez más comencé a considerar cómo mis proyecciones podrían estar afectando a otros. Fue durante un momento de profunda contemplación cuando estaba considerando la conciencia que tenía de las proyecciones de otras personas dirigidas hacia mí, que humildemente me pregunté: "¿Estoy haciendo esto también? ¿Estoy afectando a otras personas por mis propias proyecciones? ¿No permitirles que sean libres? La respuesta fue sí, lo soy. Una vez más, me di cuenta de que, si quería estar libre de las proyecciones de otras personas, tenía que estar dispuesta a liberarlas de las mías. Aunque no puedo controlar lo que crean, sí tengo control sobre lo que creo. Afortunadamente, ahora tenía una técnica que podría usar para comenzar a desarmar esas creaciones que hice. Utilicé mi conocimiento de los comandos telepáticos y creé mi propia forma de abordar esto.

Hoy, más que nunca, debido a la proliferación de Internet, las redes sociales y otras formas de medios, las proyecciones están volando por todas partes. Aunque estoy segura de que se siente bien levantar esos pulgares, junto con interacciones positivas y comentarios, todavía no es un reflejo de quiénes somos. Sigue siendo una proyección de la percepción que otra persona tiene de nosotros, incluso si es compartida por muchos. Lo mismo es cierto de nosotros, cuando hacemos comentarios, revisiones o pulgares arriba. En última instancia, es un mundo de percepciones diferentes y, por lo tanto, de verdades subjetivas. Por lo tanto, tenemos que elegir cómo estamos eligiendo usar nuestra propia energía y qué "nosotros" estamos creando en última instancia, y si vamos a aumentar el juicio, la ira, las opiniones, las expectativas, etc., o si permitiremos a otros la libertad de tomar sus propias decisiones y ser quienes quieran ser. En esencia, se convierte en un acto de compasión, amor y bondad.

El otro aspecto de esto es cómo estamos creando conscientemente nuestras relaciones. También observé que cuando estaba haciendo una sesión mental de E & Q (enfado y queja) hacia alguien, estaban siendo tan antagónicos hacia mí. En realidad, estaba observando esto en mi relación personal con mi pareja. Me irritaría con él, por cualquier razón, y estaría "E & Q" en mi cabeza, y nuestras interacciones serían menos que ideales. Cuando me sorprendo haciendo esto, cambio mi atención mental para crear una lista de todas las cosas increíbles que amo de él, o hago un comando telepático. Cualquiera de los dos funciona, pero descubrí que el comando telepático provenía de un lugar más humilde para mí, y creo que es un buen lugar para trabajar. Invariablemente, cuando logró transformar mi sesión de "E & Q", nuestra relación también cambió instantáneamente, a una más amorosa.

Considera realmente lo que acabo de escribir. "Mis" pensamientos estaban afectando la relación, haciendo que fuera menos que amorosa. Por lo tanto, fui la causa del antagonismo que tuvo resultados externos. Ahora considera todas tus relaciones y qué tipo de pensamientos tienes sobre ellas. ¿Continúan reflejando tus pensamientos?

Durante una de mis clases de capacitación en hipnoterapia, el enfoque fue trabajar con hábitos transformadores. Cada estudiante tenía que elegir un hábito que quería cambiar. Luego nos emparejamos para trabajar juntos, usando la hipnosis como una técnica de cambio. Mi compañera me dijo que tenía un patrón de pensar siempre negativamente y en las peores situaciones. Si una amiga llegaba tarde para salir por la noche, supondría que no se preocupaban por ella, por lo tanto, llegaban cruelmente tarde. También, cómo la gente en el trabajo no la respetaba. Que incluso su jefe no le daría proyectos para supervisar debido a esa falta de respeto. Luego hice la sesión de hipnosis con ella para cambiar este patrón. Una semana después, hicimos una sesión de seguimiento. Luego me comentó que después de esa sesión, toda su vida cambió por completo. Las personas con las que no había hablado en años comenzaron a llamarla para que se reconectara. Incluso su ex novio la llamó. En el trabajo, sin embargo, fue donde ocurrieron los mayores cambios. Se dio cuenta de que sus compañeros de trabajo la trataban con respeto, y su jefe incluso le dio un proyecto para supervisar. Sin embargo, fue su observación la más profunda. Ella me dijo que mientras su jefe le hablaba, tenía plena conciencia, en ese momento, de que todo era un reflejo de sus propios pensamientos. Le dije que era una conciencia asombrosa. Una cosa es reconocer esto como un concepto, es absolutamente otra experimentarlo completamente como una realidad.

¿Qué podemos hacer para transformar lo que ya hemos creado o estamos en medio de la creación? Aquí hay un comando telepático simple para que lo utilices. A diferencia de los comandos telepáticos anteriores, donde expliqué la importancia de la fuerza de tu convicción, este comando telepático tiene que venir realmente de tu corazón, y debe hacerse con sincera humildad, donde dejas ir el control y estás dispuesto a asumir la responsabilidad de lo que creaste o estás creando. Puede resultarte útil colocar tu mano izquierda sobre tu corazón y mantenerla allí mientras haces este ejercicio.

Elige una persona que estés listo para liberar de tus propias creaciones. Solo uno. Luego repite el siguiente comando tantas veces como sea necesario hasta que lo sientas completamente en tu corazón.

"Por mi elección, por mi decisión. Desarmo completamente todo lo que he creado con respecto a (insertar nombre)".
"Desarmo lo que he creado y ahora recupero mi energía".

"(Inserte el nombre), te pido que me perdones si de alguna manera te he hecho ser algo diferente de lo que eres".

"Esta es mi intención, esta es mi voluntad, por la fuerza de mi propio espíritu".

Recuerda, sentir es muy importante aquí. Realmente debes sentir esas palabras desde tu corazón. Cuando estés listo, puedes repetirlo con otras personas.

¿Cómo sabes si realmente has logrado esto después de hacer el ejercicio? El sentimiento consecuente resultante, que tanto yo como mis clientes hemos experimentado, es regresar a un profundo sentido de amor por esa persona. Además, tu energía regresa a ti porque ya no estás invirtiéndola creando algo que había estado dirigiendo a otra persona.

En última instancia, esta es simplemente una elección personal en cuanto a cómo eliges estar en el mundo: si deseas agregar al colectivo de juicio, ira, prejuicio, etc., o si prefieres ser la respuesta.

Recuerdo haber leído algo que me sorprendió en el libro de Swami Kriyananda *"The Path"* donde escribe sobre sus experiencias con su gurú, Paramhansa Yogananda. En el libro, escribió sobre una compañera discípula que Yogananda comentó a Kriyananda, nunca había tenido un pensamiento desagradable en toda su vida. Recuerdo haber pensado: "Guau. Ahora eso es algo que vale la pena trabajar para imitar". Cuando la vida se complica, vuelvo a recordar esa historia y me ayuda a realinear mis pensamientos con la bondad y la compasión.

Judy Garrido

Energía Interrumpida: Ser Auténtico

*A*l mirar retrospectivamente mi propia vida, al igual que las muchas mujeres con las que he trabajado y enseñado a lo largo de los años, la trayectoria de nuestra vida cambia cuando no somos honestos con nosotros mismos y no actuamos en consecuencia. Ser honesto con nosotros mismos es lo que yo llamo ser auténtico. No se trata de lo que otros piensan de ti; se trata de cuánto has alineado tus acciones (interna y externamente) con tus pensamientos y sentimientos auténticos ... lo que te hace ser tú. Es cuando no hacemos esto que no solo se interrumpe nuestra energía, sino también la trayectoria de nuestra vida. Es en los momentos en que nos enfrentamos a una decisión y no hemos tomado esa decisión en alineación con lo que realmente sentimos, que nos hemos deshonrado a nosotros mismos y a nuestra energía. A partir de ese momento, la vida a menudo no se desarrolla de la manera que esperábamos.

Si miras tu vida retrospectivamente, cuando tenías que tomar una decisión, incluso algo así como, involucrarte o no en una relación, descubrirás un punto crucial. Si eres realmente honesto contigo mismo, puedes notar que cada relación que no funcionó bien, sabías que no debías involucrarte, pero lo hiciste de todos modos. Ignoraste esa pequeña voz en el interior que decía: "Esto no es lo mejor para ti", o tal vez fue un trabajo o una situación particular. Fuera lo que fuese, todavía había un punto crucial en el que reconocías de forma innata que esta puede no ser una opción saludable para mí. Personalmente, no juego la partida de la culpa. También hago mi mejor esfuerzo para no juzgarme a mí mismo ni a los demás, ya que reconozco que no hay errores; solo hay oportunidades para aprender algo sobre nosotros mismos. Eso es.

Cuando nos deshonramos a nosotros mismos, lo que realmente sentimos, es que hemos regalado nuestra energía. Algunos prefieren decir que hemos cedido nuestro poder. De todos modos, sigue siendo nuestra energía la que se interrumpe; se ha desalineado con lo que debía suceder en nuestra vida. Aquí es cuando encontrarás que las personas sentirán que realmente no tienen un propósito, o que de alguna manera se han "desviado" en su vida. Se podría decir que estos son síntomas de sentimientos más profundos de haber desalineado nuestra autenticidad y quiénes somos. Nos hemos desalineado con nuestro corazón. Hay muchas razones por las que podemos desalinearnos con nuestro corazón, y puede tomar un poco de trabajo encontrar el núcleo de esas razones. Mientras continuamos nuestro camino de autodesarrollo y autocuración, sin embargo, hoy podemos decidir ser más auténticos.

En esos pequeños momentos, todos los días, tomamos decisiones. Pregúntate, ¿estas decisiones se basan realmente en lo que siento o estoy inventando razones? ¿Estoy tomando una decisión basada en no querer crear un antagonismo? ¿Siento que soy menos persona si no elijo actuar de cierta manera? ¿Estoy eligiendo porque siento que esto es lo que se espera de mí? Esta lista continúa. Además, reconozco que las circunstancias también pueden afectar nuestra capacidad de ser fieles a nosotros mismos. Hay demasiadas situaciones y circunstancias posibles en el mundo, donde no podemos sentirnos seguros. No sentirse seguro puede ser real o percibido. También existe la posibilidad de que pueda haber una ganancia secundaria. En otras palabras, ignoramos esa voz interior porque inconscientemente obtendremos algo que sentimos que queremos o necesitamos. Por lo tanto, no hay culpa ni vergüenza, solo haz lo mejor que puedas en cualquier momento.

Sin embargo, cada vez que puedes ser honesto contigo mismo y ser fiel a eso, comienzas a reclamar algo de ti mismo enérgicamente, incluida tu autoestima y respeto por ti mismo. Puede que no suceda de una vez, pero en su lugar, puedes construir un paso a la vez. Cada vez que tomas medidas que están alineadas con lo que realmente sientes, te vuelves más fuerte para la próxima ocasión en la que tienes que hacer lo mismo, por lo que realmente aumenta con el tiempo.

Sin embargo, lo importante aquí es que ser honesto no es sinónimo de ser cruel o malo. Por el contrario, la verdadera honestidad con uno mismo se trata de aprender a comunicar tu verdad de una manera compasiva, al tiempo que reconoces que otros pueden no verla de la misma manera, y eso está bien. Está bien no estar de acuerdo, porque no se trata de quién es correcto o incorrecto. En cierto modo, todos tienen razón, todo el tiempo. Estamos en lo correcto porque todos tenemos nuestra propia percepción única del mundo que a menudo está moldeada por nuestras experiencias pasadas. Dado que todos tenemos una historia muy única, ésta crea percepciones únicas. Por lo tanto, ya sea que la percepción de alguien se alinee con la nuestra o no, todavía somos todos correctos a nuestra manera.

Te animo a que comiences a ser sincero contigo siendo primero honesto sobre lo que realmente motiva tus elecciones y acciones (las preguntas que planteé anteriormente). Entonces debes estar dispuesto a alinear lo que realmente sientes que es correcto, y actuar en consecuencia. Entonces, lo que ocurrirá naturalmente es que tu vida se alineará con tu propósito innato y tu espíritu. Nuestro corazón, que nos conecta con nuestro espíritu, no nos dice: "Mejor escúchame". Simplemente espera pacientemente a que estemos dispuestos a ser honestos con nosotros mismos y escuchar. Todo lo demás se alinea sin esfuerzo en nuestra vida, porque la vida es un viaje. Es posible que tengamos paradas particulares en el camino, cosas que logremos o experiencias significativas, pero no hay un certificado de finalización de por vida. Simplemente lo vivimos, momento a momento, y tomamos las mejores decisiones que podemos.

Siento, y esta es mi opinión y observación, que una parte de ser auténtico también se debe a todo lo que has hecho en el pasado en el que tal vez sientes que cometiste un error, y asumir toda la responsabilidad por tus acciones (o inacción). Asumir la responsabilidad no se trata de regresar y arreglar todo lo que puedas haber sentido que hiciste mal. Se trata simplemente de ser dueño de tus acciones, reconocer lo que las motivó y elegir tomar diferentes decisiones si la situación se presenta nuevamente. Cuando no hacemos esto, nuestra energía se atasca porque está sumida en una silenciosa culpa, vergüenza o remordimiento. Si puedes aceptar la responsabilidad, liberas esa energía y realmente te sentirás mucho mejor. Pero, como cualquier trabajo interno que hacemos, nuevamente requiere humildad y sinceridad, y nuestra capacidad de perdonarnos a nosotros mismos y a los demás. Si hay otra persona involucrada, que tal vez sientas que le has hecho algo malo, puedes tomarte unos minutos y disculparte internamente con ella.

¿Recuerdas cuando dije que todo es energía y que siempre está en comunicación? Bueno, tus palabras sinceras, incluso si se hablan internamente, aún llegarán a esa persona. Cuando realmente nos hemos perdonado a nosotros mismos, naturalmente perdonamos a los demás. En este proceso, la energía ligada se libera y literalmente podemos sentirla en nuestros cuerpos. Los clientes a menudo describen la experiencia como la sensación de que el cuerpo suspiró solo aliviado y relajado. Entonces, naturalmente, sentirás un sentido más profundo de amor y autoestima.

También quiero mencionar la palabra "perfección". Porque, como muchas palabras en nuestro vocabulario, es una palabra subjetiva. Independientemente de cómo lo defina cualquier diccionario, cada uno llevamos nuestra propia definición de esa palabra. La mayoría de las veces estamos usando a alguien o algo como ejemplo, ya sea consciente o inconscientemente, de lo que es la perfección. ¿Qué pasa si ya somos perfectos? ¿Qué pasa si esa perfección efímera que muchos buscan como ideal, es solo de nuestra propia creación? Cuando sentimos que no somos perfectos (lo que sea que eso signifique), en realidad solo estamos diciendo que no somos lo suficientemente buenos o capaces. Para responder a la pregunta de si eres lo suficientemente bueno o capaz, pregúntate: "¿Quién dice?" Por lo general, en el núcleo del sentimiento de no ser lo suficientemente bueno o capaz, es una comparación con alguien, o algún ideal que estaba condicionado a aceptar. Los ideales son geniales, porque se convierten en nuestra estrella del norte en la vida en la que podemos trabajar, ya que decidimos que vale la pena. Sin embargo, tener ideales nobles es algo hacia lo que nos movemos, no algo que usamos como armas para el auto juicio. En la historia sobre el seguidor femenino que nunca tuvo un pensamiento desagradable en toda su vida, para mí, es un ideal por el que trabajo. ¿Cumplo ese ideal todos los días? No, no lo hago. Pero estoy dispuesta a mirarme y preguntar por qué no siento palabras amables, porque es parte del viaje que elegí para mí.

Tu viaje también es tu elección, y sinceramente espero que elijas ser más auténticamente TÚ.

Judy Garrido

Tu Cuerpo Sabe

unque la mayoría de lo que estoy a punto de escribir era parte de mis siete años de entrenamiento con James, me tomó esos siete años y más para refinar mi conciencia de lo que me habían dicho. Por lo tanto, no puedo dar crédito por lo básico de lo que escribiré aquí, pero las explicaciones, ejemplos y conocimientos refinados son míos.

Si recuerdas, escribí antes sobre la investigación en el libro de Lynn McTaggart, "*The Field*," que demostró cómo la fisiología de las personas respondía a alguien que pensaba en ellas. Sin embargo, estaban completamente inconscientes de esos cambios sutiles. He descubierto conmigo misma, y con aquellos a quienes he ayudado, que lo mismo es cierto con toda la comunicación que está ocurriendo en niveles sutiles. Nuestro cuerpo se convierte en nuestra primera línea de conciencia: ese sistema de radar invisible incorporado. Sin embargo, a nivel de nuestro cuerpo, puede sentirse como una infinidad de sensaciones. La clave aquí es que no hay una razón obvia para que las experiencias sucedan. Algunos ejemplos son:

- Dolores de cabeza
- Congestión nasal
- La frecuencia cardíaca aumenta, y / o el corazón puede incluso comenzar a latir rápidamente sin razón aparente
- Sentirse incómodo en el plexo solar (el área justo debajo del esternón)

- Mayor diálogo interno: a veces hasta el punto en el que suenan canciones en la cabeza que no has estado escuchando y parece que no puedes detenerlo.
- Sentir molestias físicas en cualquier parte del cuerpo.
- Hinchazón.
- Sentirse disperso, tanto mental como energéticamente.
- La vista se vuelve borrosa.
- Experimentar el olvido, incluso quedarse en blanco al intentar hablar.
- No puedes entrar en reposo cuando te acuestas.
- Sensación de hormigueo (no el tipo: mi brazo se quedó dormido)
- Presión externa en cualquier parte del cuerpo.
- Y más.

Lo que esto también demuestra, al menos para mí, es que nuestro cuerpo es mucho más consciente de la energía de lo que le damos crédito. Personalmente, no necesito investigación para demostrarme esto, ya que he sido consciente de esto toda mi vida. Lo importante es reconocer que, con la comunicación constante y la afluencia de información (en cualquier forma), nuestros cuerpos están reaccionando a ella. Esto pone un nivel adicional de estrés en nuestros cuerpos que quizás no estemos tomando en consideración. Si tu cuerpo, por ejemplo, está experimentando una energía que interpreta como una amenaza, las alarmas de él se activarán. Esas alarmas se conocen como la respuesta al estrés. Tu cuerpo comienza a producir glucocorticoides y adrenalina (epinefrina). La frecuencia cardíaca aumenta, al igual que la presión arterial, y más. En ocasiones, puedes experimentar esto y determinar que estás teniendo un ataque de pánico, cuando en realidad es una respuesta a una amenaza energética percibida. Algo invisible. Al menos, así es como el cuerpo lo interpreta. James solía decirme a menudo: "El cuerpo no miente" y confía en lo que está comunicando. Debido a esto, es importante restablecer una relación de confianza con el cuerpo debido a su capacidad de comunicarse con nosotros cuando sucede algo, ya sea bueno o malo.

Irónicamente, me di cuenta de la experiencia de que mi cuerpo entró en pánico fisiológicamente solo recientemente. Aunque siempre he sido consciente de la energía y de cómo puede afectar a mi cuerpo cuando se percibe como una amenaza, la conciencia de la respuesta al estrés no se asimiló por completo hasta que tuve algunas citas con el dentista. He experimentado esto, sabiendo muy bien que esto fue una respuesta a una amenaza energética percibida. Pero no relacioné esto hasta que terminé el trabajo dental y el dentista usó una inyección (el equivalente actual de Novocaína) que contenía una pequeña cantidad de epinefrina, para acelerar el adormecimiento. La primera cita que tuve, donde la usaron, estaba haciendo todo lo posible para mantener la calma mientras experimentaba algo como un shock y mi ritmo cardíaco aumentó notablemente. En serio, mi corazón latía con fuerza. No tenía idea, en ese momento, de lo que estaba sucediendo y si esto era algo visible o invisible. En la segunda cita, pregunté sobre la inyección que usaron y luego me informaron sobre la epinefrina que se agregó para que funcione más rápido. Después de eso me acostumbré, y no me afectó tanto, pero me dio una experiencia completa de cómo se siente la respuesta al estrés. Entonces me di cuenta de que mi cuerpo tendría la misma reacción cuando las alarmas estaban sucediendo debido a algo invisible. Afortunadamente, no sucede a menudo, pero ha ocurrido.

¿Recuerdas la parte anterior de este libro, donde mencioné que el cuerpo tiene un campo magnético que lo atraviesa y lo rodea, y cómo a menudo se pasa por alto la importancia de esto? Cuando se trata de cómo la energía (comunicación sutil) interactúa con nuestra propia energía, comienza con el campo magnético. Es ese radar inmediato que tenemos. El otro sistema de radar que tenemos que mencioné anteriormente, que tiene que ver con eventos que ocurren dentro de las proximidades de nuestro cuerpo (por ejemplo, su vecindario o ciudad), es el sistema de radar de nuestra conciencia, ya que no se limita a nuestro cuerpo. Lo realmente interesante de este campo magnético que tenemos alrededor de nuestro cuerpo, que se extiende sobre la longitud de un brazo en todas las direcciones, es que cuando una energía alcanza el borde exterior de ese campo magnético, el cuerpo siente una sensación. En otras palabras, si una energía toca el borde exterior de nuestro campo magnético, la mayoría de las veces, lo experimentaremos como una sensación física como las mencionadas anteriormente. Cuanto más aumente tu conciencia de las sutilezas de la energía, la sentirás entrando a una ligera distancia de tu cuerpo, porque te has desarrollado hasta el punto de sentirla magnéticamente. En realidad, me llevó un tiempo refinar mi conciencia a través de muchas experiencias.

Se pone aún más interesante. Cuando una energía (estoy usándola aquí como una palabra muy genérica para describir todas las experiencias posibles) tiene una intención ulterior que no es buena, el 99% del tiempo la experimentarás en la parte posterior de tu cuerpo. Le da un nuevo significado al término que se apuñala por la espalda, porque los pensamientos de las personas, cuando no son amables, pueden hacer eso enérgicamente. Algunas tradiciones de espiritualidad nativa en realidad llaman a esta hechicería negra, el acto de dañar a otro con sus pensamientos, especialmente cuando esos pensamientos son alimentados por emociones intensas.

Sin embargo, cuando una energía llega a la parte posterior de nuestros cuerpos, se siente con mayor frecuencia en la parte delantera del cuerpo. Esa es la parte realmente interesante. También he descubierto que a menudo, las experiencias sucederán en uno de los centros de energía vital (chakras). Como ejemplo, digamos que una energía (en cualquier forma) viene a la parte posterior de tu plexo solar. A nivel de sensación, puede sentirse como una energía nerviosa, o posiblemente incluso hinchazón, en tu plexo solar. Otro ejemplo sería si una energía llega a la parte posterior del chakra de la garganta. Lo más probable es que lo experimentes en la parte frontal de la garganta, como una opresión o incluso una tos brusca.

Además, la mayoría de las veces, cuando una energía proviene de una distancia, experimentaremos la sensación en el lado izquierdo del cuerpo, mientras que aquí y ahora se sentirá con mayor frecuencia en el lado derecho del cuerpo. Al principio me enseñaron que cuando tenemos una experiencia (ya sea vista o no) que se relaciona con el mundo físico, esa experiencia entra primero energéticamente en el lado derecho del cuerpo. Con el tiempo, la experiencia comienza a moverse más profundamente dentro. Cuando se mueve más adentro, lo hace hacia el lado izquierdo del cuerpo. Por lo tanto, se podría decir que el lado derecho pertenece a nuestras experiencias conscientes y al mundo físico, mientras que el lado izquierdo pertenece a nuestras experiencias subconscientes / inconscientes y al mundo sutil invisible.

Puede que te preguntes en este momento, con todas estas consideraciones, ¿cómo sé cuándo una experiencia se basa realmente en la energía? Nuevamente, la respuesta está en los ejercicios. Si tiene una base energética y utilizas técnicas que transforman la energía, y el resultado es que la experiencia se detiene, entonces si tiene la base. Al menos, así es como funciona mi lógica. Si cuestiono una experiencia basada en la energía, simplemente la pruebo haciendo las técnicas. Si no detiene la experiencia, no he identificado la fuente o es de naturaleza física. Sin embargo, esto lleva años de aprendizaje y experiencias posteriores. Este no es un enfoque de solución rápida, porque lleva años de experiencias construir esa biblioteca de referencia personal que sigo mencionando y volver a familiarizarse con la forma en que tu cuerpo te comunica interacciones energéticas.

Solo estoy compartiendo esta información para que puedas considerar posibilidades alternativas a algunas de las cosas que puedes estar experimentando (o que hayas experimentado), que tienen una base energética, donde tu cuerpo está interpretando la energía a través de sensaciones, sentimientos o pensamientos. Confiaría en eso. Confiaría en lo que el cuerpo te está comunicando. Cuanto más aprendemos a escucharlo, más rápido desarrollamos nuestra biblioteca de referencia personal y más rápido podemos trabajar para transformarla. Esto no solo puede reducir las molestias, sino que también puede reducir el estrés. Aunque mi historia dental fue un ejemplo extremo, el estrés energético todavía ocurre en niveles menores en los que simplemente podemos experimentar una incapacidad para descansar, o inquietud al dormir, imposibilidad para concentrarnos, y más. Los factores estresantes energéticos ocurren todos los días, o al menos, con más frecuencia de lo que muchos reconocen.

Hacer Elecciones Proactivas en Consecuencia

ecuerdo una conversación interesante que tuve con una cliente hace varios años. A la hora indicada, la llamé, y lo primero que me dijo con voz frustrada fue: "Judy, desde que comencé a trabajar contigo, todo me molesta". Estoy segura de que mi sonrisa se escuchó en mi voz, cuando le pregunté qué había sucedido que provocó esa declaración, ya que era obvio para mí que esto fue el resultado de algo que ocurrió recientemente. Luego me dijo que regularmente llevaba a un miembro mayor de la familia a un casino, porque a esa persona realmente le gustaba ir. La última ocasión, sin embargo, la energía en el casino era tan inquietante para ella, que en realidad llamó a alguien más para que llevara a ese familiar adentro. Ella simplemente no podía tolerar las energías allí. Luego le pregunté: "¿Qué tal si reformulo tu declaración y me dices si suena más correcto o si tu declaración original es correcta? ¿Qué pasa si decimos en cambio, "Judy, ahora estoy mucho más consciente de la energía, ya no puedo ignorarla cuando me molesta"? "La escuché respirar profundamente y suspirar, y luego respondió: "Sí, eso es realmente más preciso".

Este es un resultado bastante común para los clientes que se comprometen a aprender sobre todas las dinámicas sutiles de energía y conciencia. Invariablemente, terminan siendo más conscientes de cómo se sienten en diferentes situaciones y reconocen que está ocurriendo en niveles sutiles. Cuanto más practiques los ejercicios en este libro, y cuanto más llenes tu biblioteca de referencia personal con las experiencias posteriores, más consciente serás de reconocer cuándo una situación o ubicación compromete tu energía. Esto te coloca en una posición más poderosa para tomar mejores decisiones por ti mismo.

Si, por ejemplo, ingresas a las redes sociales, y reconoces que no te sientes muy bien después, y descubres que romper los acuerdos (o colgar el teléfono) te ayuda a sentirte nuevamente tú, entonces se convierte en tu decisión en cuanto a si continuar o no. De la misma manera que la mujer de mi historia decidió no entrar al casino cuando se dio cuenta de lo perturbadoras que eran las energías y cómo la afectaba, también debes elegir si deseas continuar con situaciones que no son energéticamente saludables para ti.

Además, puedes tener en cuenta que las redes sociales fueron literalmente diseñadas para manipular psicológicamente a sus usuarios para que se vuelvan adictos. Desafortunadamente, todo Internet y los medios en general han sido diseñados para manipular psicológicamente nuestras respuestas. Si crees que esta es una declaración alarmante, te recomiendo que hagas tu tarea. Escúchalo directamente de algunas de las personas fundadoras o investiga artículos sobre este tema.

Se han realizado investigaciones que demuestran cómo se está cambiando la fisiología del cerebro debido al uso constante de Internet a través de teléfonos celulares, computadoras, videojuegos, etc. La investigación respalda que las personas que realizan múltiples tareas constantemente, por ejemplo, con trabajo, correos electrónicos, mensajes de texto, las noticias y cualquier otra cosa en Internet se están volviendo adictos a ese nivel de estimulación. La adicción es hasta el punto en que sus relaciones personales se ven afectadas, porque tienen dificultades para desconectarse y estar completamente presentes cuando interactúan con otros en persona. Sin mencionar, la investigación que muestra cómo los niños que son grandes jugadores de videojuegos tienen dificultades para concentrarse en la escuela porque sus cerebros buscan bioquímicamente el mismo nivel de estimulación que obtienen mientras juegan. Ese es solo un aspecto de la tecnología: el aspecto que es visible, donde realmente se puede medir con los instrumentos correctos. Sin embargo, existe todo el aspecto energético que los instrumentos no pueden medir, porque sucede a un nivel tan sutil.

Esta es en realidad una de las razones por las que simplemente elijo no usar las redes sociales y limitar mi uso de Internet. Sin embargo, esa es mi elección. No mencioné lo anterior como una regla a seguir. Realmente tiene el propósito de alentarte a reconocer cuándo algo está afectando cómo te sientes y hacer cambios en consecuencia. Al igual que tú, yo también trabajo, compro en línea y hago otras actividades a través de Internet, por lo que soy plenamente consciente del hecho de que cada vez es más difícil NO hacer cosas a través de Internet. Todos simplemente hacemos lo mejor que podemos.

De la misma manera que las energías en Internet varían de un día a otro, lo mismo puede decirse de las tiendas a las que entro, las personas con las que hablo o los lugares a los que voy. El mundo es dinámico energéticamente, por lo que no suele haber dos días iguales. Aunque, a veces, las energías pueden ser perturbadoras durante unos días, porque algo puede estar sucediendo colectivamente de lo que no soy consciente, pero puedo sentir las energías perturbadoras.

Notas Finales de la Autora

*L*o que descubrí adicionalmente durante los últimos 15 años a medida que practiqué el conocimiento que entrené y, por lo tanto, desarrollé las técnicas sobre las que he escrito en este libro, es que cuanto más elimino o detengo las influencias sutiles cotidianas, más me siento como mi ser auténtico, y más puedo separar y reconocer lo que es mío y lo que no lo es.

Espero fervientemente que, si utilizas sinceramente las técnicas de este libro, sea el comienzo de tu viaje para descubrir lo mismo. Si esta observación fuera exclusiva de mi experiencia, no estaría escribiendo este libro. También ha sido consistentemente la experiencia de aquellos a quienes he ayudado. Sin embargo, preferiría que descubrieras si esto es cierto para ti y saques tus propias conclusiones.

Si tienes éxito en descubrir más de tu ser auténtico, libre de las influencias sutiles, entonces te animo a que abraces completamente ese sentimiento de TI, y luego lo conviertas en un ancla en tu vida. Estoy usando la palabra ancla aquí para describir un sentimiento fundamental que puedes usar para evaluar experiencias futuras. Si puedes anclar completamente el sentimiento, estarás en una posición más poderosa para reconocer cuándo estás siendo influenciado y no tú mismo.

Aunque las técnicas de este libro no resolverán todas las posibles influencias energéticas, contribuirá en gran medida a detener algunas de ellas, lo suficiente como para que comience a ayudarte a reconocer de qué manera te alejan de ser tú mismo, a diario. Entonces estás en una mejor posición para tomar decisiones más saludables por ti mismo. Tomar decisiones más saludables comienza con la conciencia. Después de todo, recuerda que he estado diciendo que mucho ocurre más allá de nuestra conciencia. A veces, tenemos que tomar medidas para ayudarnos a ser más conscientes, como hacer los ejercicios, ya que esto a menudo traerá un mayor conocimiento consciente.

En última instancia, es tu decisión lo que eliges hacer con todos los conocimientos y técnicas de este libro, y cualquier cambio posterior que decidas hacer de acuerdo con lo que te des cuenta en el proceso. Personalmente, no estoy dispuesta a vivir en una cueva del Himalaya para poder retirarme de la civilización y no tener que lidiar con nada de lo que he escrito. Como tú, vivo mi vida cotidiana como la mayoría de los demás, con la excepción de lo que elijo qué no hacer sabiendo las posibles experiencias energéticas resultantes. De nuevo, esa es mi elección. Tienes que hacer la tuya.

Finalmente, también sugeriría que, si tienes experiencias repetitivas, comiences a tratar de rastrear esas experiencias buscando patrones en tu vida. Como ejemplo, si te comunicas (en cualquier forma) con una persona o empresa en particular, y cada vez que lo haces, notas que tienes un dolor de cabeza después, ese es un patrón constante. Puedes descubrir otros patrones cuando comiences a prestar atención a cómo te sientes en cada momento. Entonces sí, requiere que estés presente y consciente de cómo te sientes, y en el momento en que algo cambie. Es por eso que lleva años desarrollar tu conciencia más plenamente, porque cada experiencia posterior que tenemos, donde realmente notamos un cambio, se agrega a esa biblioteca de referencia personal. Sin embargo, solo ocurre cuando la experiencia se presenta, mientras que los patrones solo se pueden descubrir a través de experiencias repetitivas.

Con suerte, al menos, este libro ha aumentado tu conciencia de las vastas interacciones energéticas con las que todos lidiamos todos los días. A lo sumo, espero que hayas experimentado algunos momentos transformadores al hacer los ejercicios y reconozcas más plenamente cuándo y cómo te ves afectado a lo largo de tus actividades diarias. La buena noticia es que, si has tenido momentos transformadores, ahora tienes técnicas y sabes lo que puedes hacer para comenzar a ayudarte con cualquier experiencia futura que puedas tener.

Judy Garrido

Guía de Referencia Rápida

Transformando Grabaciones de Otros

"¡Atención! Observador interno, mi otro……. borrar, eliminar y destruir, de todos mis cuerpos … todos los sonidos, energías, telepatías y grabaciones, que vinieron de (inserte un nombre o ubicación) ".

Y luego repítelo, ordenando: "Una vez más, para un beneficio, observador interno, mi otro …….".

Comunicarte Con Tu Cuerpo

"Cuerpo, solo acepta energía amorosa y curativa de (inserta ubicación, persona, evento). Rechaza todo lo demás."

Colgar el Teléfono

A través de mi voluntad, yo ordeno, todas las energías, telepatías y transmisiones, desde y hacia (insertar nombre o fuente), terminadas permanentemente".

Estar Completamente Presente en tu Cuerpo

Por mi voluntad, llamo a que vuelva a mí toda mi energía … todas mis atenciones… toda mi conciencia. Llamo a TODA mi energía de vuelta a mí AHORA ".

Rompiendo Acuerdos:

Manipulando a otros

"Si he hecho algún acuerdo, de cualquier forma o aspecto, que de alguna manera manipulara a otra persona, o diera permiso a algo para manipularlo para mi beneficio, para obtener lo que quiero, consciente o inconscientemente, rompo el acuerdo por completo. Esta es mi intención, esta es mi voluntad, por la fuerza de mi espíritu"

Acuerdos comprensivos

"Rompo todos los acuerdos que he hecho, de cualquier forma o aspecto, con (inserta el nombre de la persona), y cualquier" cosa "que surgió de ella (o él) en lo invisible. Esta es mi intención, esta es mi voluntad, por la fuerza de mi espíritu."

Empresas

"Rompo todos los acuerdos, contactos y contratos que he hecho, de cualquier forma o aspecto, y en cada nivel de conciencia, con (inserte el nombre de la compañía), cada humano conectado a ellos y cualquier cosa que no se vea, que vino de ellos. Esta es mi intención, esta es mi voluntad, por la fuerza de mi Espíritu "

Internet

"Rompo todos los acuerdos que he hecho, de cualquier forma o aspecto, y en todos los niveles de conciencia, con cada compañía y humano conectado a Internet de cualquier manera, incluyendo cada transmisión, cada energía y telepatía, que vino a través de internet. Esta es mi intención, esta es mi voluntad, por la fuerza de mi Espíritu ".

Lo Que Escuchamos

"Rompo todos los acuerdos que he hecho, de cualquier forma o aspecto, y en cada nivel de conciencia, con cada sonido, audible e inaudible, cada transmisión, cada telepatía y cualquier "cosa" en lo invisible que vino desde (insertar fuente de sonido, por ejemplo, persona, autor, etc.). Esta es mi intención, esta es mi voluntad, por la fuerza de mi Espíritu ".

Lo Que Vemos

"Rompo todos los acuerdos que he hecho, de cualquier forma o aspecto, y en cada nivel de conciencia, con todas las transmisiones, todos los sonidos, audibles e inaudibles, todas las imágenes, visibles e invisibles, toda inducción hipnótica, todos los humanos, y todas las cosas que no se ven, que encontré a través de (insertar fuente). Esta es mi intención, esta es mi voluntad, por la fuerza de mi Espíritu ".

Clientes

"Rompo todos los acuerdos que he hecho, de cualquier forma o aspecto, y en cada nivel de conciencia, con (inserte su nombre), y todas las telepatías, enlaces, cuerdas, conexiones, traumas, enfermedades y afecciones, y cualquier "cosa" en lo invisible, que vino de ellos. Esta es mi intención, esta es mi voluntad, por la fuerza de mi Espíritu ".

Desarmando Nuestras Propias Creaciones

"Por mi elección, por mi decisión. Desarmo completamente todo lo que he creado con respecto a (insertar nombre)".
"Desarmo lo que he creado y ahora recupero mi energía".
"(Inserte el nombre), te pido que me perdones si de alguna manera te he hecho ser algo diferente de lo que eres".
"Esta es mi intención, esta es mi voluntad, por la fuerza de mi propio espíritu".

Judy Garrido

Lecturas Adicionales

Aquí hay una lista de los libros y la información mencionados en esta lectura. También he incluido títulos adicionales que recomendaría para leer más.

The Global Consciousness Project:
http://noosphere.princeton.edu/

Libros:

McTaggart, Lynn. *The Field: The Quest for the Secret Force of the Universe.* New York, NY. HarperCollins Publishers. 2008. (originally published in 2001)

Walters, Donald J. *The Path: One Man's Quest on the Only Path There is.* 2nd Edition. Nevada City, CA. Crystal Clarity Publishers. 2004.

Baldwin, William J.. *Spirit Releasement Therapy: A Technique Manual.* 2nd Edition. Terra Alta, WV. Headline Books. 1995.

Recomendados:

Oschman PhD, James L., *Energy Medicine: The Scientific Basis.* 2nd Edition. London, UK. Churchill Livingstone. 2015.

Schwartz, Gary E. The Energy Healing Experiments: Science Reveals Our Natural Power to Heal. Reprint Edition. New York, NY. Atria Books. 2007.

Judy Garrido

Agradecimientos

ste libro no sería posible sin el conocimiento y la orientación de James Whitegle, quien me dio la base para que pudiera explorar y seguir fascinada con las posibilidades. Mi gratitud a todas las personas a las que he ayudado a lo largo de los años. Sí, he sido parte de tu viaje, pero tú también has sido parte del mío.

Y a Stacy, mi más sincero agradecimiento por su corrección de textos, y esa sonrisa característica que siempre está presente en su voz. Por seguir riendo y sonriendo, incluso cuando te he dado permiso para poner los ojos en blanco, o al menos suspirar profundamente, con todas mis adiciones y revisiones. ¡Eres fabulosa!

Finalmente, gracias a Macarena por su traducción al español de esta edición, y tolerando mis muchas preguntas y sugerencias.

Judy Garrido

Sobre la Autora

Judy Garrido es conocida por su enfoque genuino y sincero para empoderar a otros a través de su trabajo. Como entrenadora, maestra, consultora y escritora integradora, ha ayudado a las personas a lograr sus objetivos enseñándoles cómo involucrar sus recursos innatos de mente, cuerpo y espíritu.

Si este libro te ha resultado útil y deseas continuar aprendiendo y hacer más, los siguientes libros están actualmente disponibles solo en inglés:

Otros libros de Judy:

❖ Everyday Subtle Energetic Influences Companion Journal – Este es un diario complementario de este libro, para que puedas aprovechar al máximo las técnicas.
❖ Appreciating Me Journal: An Exercise in Self-Worth
❖ Adult Coloring Book for Positive Change – Affirmations & More
❖ 21-Day Reiki Self-Healing Journal
❖ Intuitive Awareness Journal: Build Your Personal Reference Library

Aprende sobre oportunidades adicionales visitando a Judy en línea en Innatelyresourceful.com. Únete a su lista de correo para mantenerte actualizado sobre nuevos lanzamientos u obsequios de libros y más.

A ella le encantaría escuchar tus experiencias con sus libros. Puedes contactarla directamente en innatelyresourceful@gmail.com.

Si has disfrutado este u otro libro, por favor deja una reseña de utilidad donde adquiriste tu copia.